COMO GOTAS EN UN OCÉANO DE BELLEZA Y CAPITAL

SERGIO NAVARRO

COMO GOTAS EN UN OCÉANO DE BELLEZA Y CAPITAL

Eros después del 68
y la poesía española del siglo XXI

GRANADA, 2024

COMARES LITERATURA

Ayuda FJC2021-047186-I financiada por:

Diseño de cubierta y maquetación:
Miriam L. Puerta

© Sergio Navarro

© Editorial Comares, 2024
Polígono Juncaril
C/ Baza, parcela 208
18220 • Albolote (Granada)
Tlf.: 958 465 382
http://www.editorialcomares.com • E-mail: libreriacomares@comares.com
https://www.facebook.com/Comares • https://twitter.com/comareseditor
https://www.instagram.com/editorialcomares

ISBN: 978-84-1369-735-2 • Depósito Legal: Gr. 865/2024

Impresión y encuadernación: COMARES

SUMARIO

INTRODUCCIÓN

I. *Eros* 68

Esta historia no comienza en 1968. Este año es quizás el de su estallido, pero lo que vamos a narrar en estas páginas no es un universo que nace en el momento cero de su explosión. Antes de 1968, otras revueltas sacudían las superficies de la política. Antes de 1968, otras utopías estremecían el corazón. Las revueltas del Mayo Francés se adueñaron de las energías que desde hacía cierto tiempo se acumulaban como sueños por cumplir en la mente de los jóvenes. Es cierto que algunas retóricas fueron originales, pero, en el fondo, articulaban aspiraciones y estrategias que no se fundaron en los sesenta.

Hoy nos queda del 68 una imagen desvaída. Ha llovido mucho sobre los muros que exhibían sus grafitis. Sus líneas empiezan a desvanecerse. Sus significados se desgastan por el uso; los perfiles de sus conceptos se erosionan. Entre los rasgos de esta imagen empalidecida se conserva uno que persiste en la memoria: la revuelta de los cuerpos, las luchas por la liberación de la sexualidad. Contra los imperialismos, se luchaba por conquistar el propio cuerpo. Contra las interpretaciones ortodoxas y partidistas del marxismo, no se sublevaba contra la explotación capitalista del trabajo, sino contra la captura estatal del placer. Lo esencial que nos queda del 68 fue que *eros* se hizo asunto de la *polis*. Por ello, quienes mejor comprendieron la revuelta, quienes consiguieron la mejor instantánea conceptual de su ideario, lo hicieron gracias a que al lado de Marx pusieron a Freud, al lado de Lenin a Lacan.

En España, la sacudida del 68 no esperó a que cayera la dictadura franquista. La juventud bajo el franquismo no necesitó la Transición para transicionar en sus formas de vida.[1] La revolución sexual comenzaría sin el permiso del dictador. Los jóvenes transicionales —expuestos a la modernidad liberal de las formas de vida europea o americana que retransmitían el cine, la música popular y la televisión (Balibrea, 1999: 48)— hicieron suyas las consignas y las prácticas vitales que en el 68 saltaron de París al mundo. Así, el goce supuso para la juventud transicional un arma política, ya que la intensificación de las experiencias corporales se oponían a las moralidades férreas del régimen. Como narra Germán Labrador (2017: 45-48), *eros* se invistió de una singular intensidad biopolítica, desplegando su enorme capacidad de antagonismo contra el arresto socio-militar del cuerpo.

Ya conocemos el final de la historia: cómo la utopía desembocó en el «desencanto», esa contraseña manejada por historiadores y críticos para acceder al secreto político de la literatura transicional. En una fórmula que populizaron Santos Juliá y José Carlos Mainer, la juventud tuvo que abandonar el «lenguaje de la revolución» para aprender el idioma de la democracia (2000: 31). Según este paradigma interpretativo, la Transición terminó por arrinconar a la juventud contracultural ante dos alternativas: luchar como lobos esteparios contra la institución desde los márgenes o participar como ciudadanos en las instituciones para la construcción de la democracia desde el centro. El caso es que la lógica colectiva y normalizadora de la democracia ponía cada vez más complicada la legitimación de las posiciones marginadas o periféricas, de manera que las retóricas revolucionarias quedaron arrinconadas a medida que se estabilizaba la fórmula del Estado cultural y su anuencia a los chisporroteos de la Movida. La agencia política de la contracultura fue entonces ocupada por las filosofías del consenso y la conversación.

---

[1]   Es el fenómeno que Ramón Buckley denomina la «doble transición» (Buckley, 1996: xi): la transición moral desde el conservadurismo franquista hacia la liberación sexual no coincidió cronológicamente con la transición política del franquismo a la democracia.

Aquí, en este deslizamiento, comienzan realmente las reflexiones a las que dedicamos estas páginas. Pues el corrimiento de las funciones y legitimaciones políticas desde la lucha del individuo contra el Poder hacia la realización democrática de la colectividad genera una especie de vacío tras la articulación de *eros* y *polis* que lograron realizar los discursos del 68. En regímenes de opresión, la liberación del cuerpo tiene una funcionalidad política que recarga al *eros* de energía revolucionaria. Pero la insistencia libertaria pierde necesariamente efectividad política a medida que los mecanismos opresivos de control social son sustituidos por las técnicas de dominio del capitalismo, que, como supieron ver Deleuze y Guattari, utiliza la desterritorialización para reterritorializarnos.[2] El ejercicio libre del deseo que promovía la ideología sesentayochista como arma revolucionaria adquiere ahora una conspicua relación con el consumo. Mediante las incitaciones a la satisfacción inmediata del deseo, el capital inyecta su lógica en nuestro pensamiento y nuestro *ethos*. Lejos de oprimirlo como otrora pudiera haber hecho, el capitalismo de hoy excita el deseo porque ha hallado en el deseo el modo de subsumir todo en mercancía. Por eso escribe Byung Chul-Han que «el capitalismo intensifica el progreso de lo pornográfico en la sociedad, en cuanto lo expone todo como mercancía y lo exhibe» (2014: 52).

Mi hipótesis es que la transición desde las estructuras morales de la dictadura a los comportamientos más liberados de la democracia puso en fuera de juego la argumentación sesentayochista. El *eros* entraba así en una crisis que lo desarropaba de buena parte de su potencialidad cívica. Algunos críticos han apreciado los primeros síntomas de esta crisis en la Movida, pues, como relata Eduardo Subirats, «atrás quedaban los signos de responsabilidad social, de conciencia histórica, de preocupación

---

[2]   Según Deleuze y Guattari, el capitalismo produce diversos «contrapesos» a la liberalización de flujos de capital, mercancía, información, sujetos y placer, entre las que se encuentra el Estado capitalista (1985: 260) y el psicoanálisis (312). Los autores afirman, por tanto, que el capitalismo «por lo que por un lado desterritorializa, por el otro lo re-territorializa» (265). La mano derecha del capitalismo no sabe lo que hace la izquierda.

intelectual por el proyecto de la futura sociedad española. [...]
España era un gran fiesta. El signo distintivo de la nueva política
era un hedonismo *sui generis* [...]» (2002: 75). Con el cambio de
régimen, *eros* se trivializa, desprendiéndose de su «responsabilidad social». He intentado demostrar en otro lugar que este vacío
de legitimación política en que cae *eros* se traduce emocional-
mente en la experiencia del desencanto[3]: una parte importante
del desencanto proviene de que, con la instauración definitiva
del capitalismo y la democracia liberal, las prácticas revolucionarias sesentayochistas basadas en la movilización del *eros* quedan
súbitamente sin eficacia ni relevancia para la lucha social. El *eros,*
que fue un elemento fundamental en la revuelta contracultural
contra el franquismo, ya no podía serlo contra el capitalismo.

Sin embargo, al igual que en los setenta se produce un des-
fase entre las dos transiciones —la política y la sociológica—, en
los ochenta y en los noventa también se detecta un lapso. Por un
lado, el capitalismo mella el filo político de *eros,* cuando no lo
recluta para la instauración de su régimen en las subjetividades.
Pero, por el otro lado, hay una resistencia a abandonar las consignas sesentayochistas, de manera que se siguen protagonizando
discursos y prácticas libertarias del *eros,* pasando de puntillas por
la crisis de su potencialidad cívica, según la cual la comprensión
libertaria de lo erótico supone un desajuste de orden ideológico respecto a la realidad contemporánea capitalista. Uno puede
ejercer libremente el *eros,* pero encontraría dificultades para ar-
gumentar que ese libre ejercicio adquiere la misma agencia política que tuvo bajo regímenes totalitarios.

Esta situación nos deja en la necesidad de pensar nuevamente la relación posible entre *eros* y *polis,* cuando ya sabemos,
gracias a las experiencias de la Transición, que ni el sexo ni el
deseo se relacionan con el capital de la misma manera en que
se relacionan con el totalitarismo. Como se verá más adelante,
una forma de rearme político de *eros* pasa por la recuperación

---

[3] Se trata de mi libro *La comunidad inasible: La poesía española de la Transición en la crisis del humanismo* (Colección Frontera, Universidad de Valladolid /
Universidad de León, 2023).

de su dimensión personal. El amor se reactiva políticamente en cuanto experiencia de relación con un otro que se nos presenta durante la relación erótica en toda su dignidad cívica y su presencia comunitaria. *Eros* adquiere fuerza crítica cuando recupera la presencia de la persona que ha devenido mercancía bajo nuestro capitalismo. Si nuestro capitalismo se infiltra en las formas de amar, subsumiendo a la persona en mercancía para consumirla y agotarla en la búsqueda egotista del placer, el *eros* aún puede imaginar una comunidad distinta articulando una forma de estar juntos diferente y lo hace al desplegar las experiencias de presencia del otro y rescatar al otro de su subsunción, esto es, de su abstracción en mercancía.[4]

La tarea política que el *eros* puede cumplir para nuestras sociedades se ve, no obstante, atrapada en una coyuntura fuertemente aporética. Esta oportunidad le pilla al *eros* a contrapié, pues el *eros* ha sido movilizado por el pensamiento teórico en la dirección opuesta. Lejos de percibirse como una oportunidad para la presencia contra los procesos de abstracción del capitalismo, el *eros* se ha conceptualizado a lo largo del siglo XX como una fuerza cada vez más abstracta y despersonalizada. Conviene ahora hacer cala en este momento de la historia de las ideas para presentar la aporía en toda su magnitud. Advierto que las siguientes páginas pueden tornarse algo más ásperas.

---

[4]   Pongo en juego aquí la descripción del capitalismo que ofrece Antonio Negri, quien lo presenta como una fuerza que logra la subsunción y la abstracción de todos los valores y, en concreto, del ser: «el ser es definido [bajo el capitalismo] bajo la forma de la sustitución. Los procesos de subsunción real son transfigurados en la imagen de la subsunción: el derecho, la moneda, las relaciones informáticas [...]» (2006: 238). Es decir, Negri presenta el capitalismo como el sistema que elimina toda justicia para hacer valer su sustituto (el derecho), que borra todo valor para poner en circulación su abstracción (la moneda), que lleva toda socialidad al terreno de su simulacro «digital», etc. En el caso del *eros*, el capitalismo sería el sistema que diluye la otredad erótica en mercancía sexual, abstrayendo los rasgos del otro para disolverlo en el placer propio.

II. LA MITOLOGÍA BLANCA DE *EROS*

Antes de que el marxismo pusiera en juego el léxico de la alienación, ya Rousseau y los románticos pensaban que en algún punto de la historia el ser humano había decidido transitar el camino que lo separaría del resto de la Naturaleza. En el Renacimiento, el ser humano todavía tenía un puesto garantizado en el sistema del mundo y cumplía de hecho un papel protagonista en la «cadena de los seres». De hecho, era el eslabón que precisamente daba existencia a esta cadena, la pieza que conectaba la realidad espiritual de Dios y los ángeles con el reino sublunar de lo mineral, lo vegetal y lo animal. El mundo era *un* mundo porque el ser humano estaba en medio. Qué nos arrancó de ese nicho es materia de encarnizado debate y atrevida especulación a finales del XVIII y principios del XIX, pero las causas posibles —¿la razón ilustrada?, ¿la industrialización?, ¿la conciencia idealista?, ¿el cristianismo?— se insertan en la arena común de la alienación que separa al ser humano de la Naturaleza.

Los románticos pensaron, no obstante, que la ruptura entre lo humano y lo natural no se había consumado plenamente. Por el ser humano fluye, en los estratos más profundos, un magma primitivo de animalidad, que en determinados momentos erupciona y rompe los diques de la cultura, de la razón o de lo que fuere. Si la cultura es herencia y la civilización un producto contingente de la historia, hay que buscar en este río soterrado de la Naturaleza la pepita de oro de nuestra esencia, aquello que verdaderamente somos, más allá de la contingencia de los procesos históricos y culturales que de ello nos apartaron. Esta corriente de Naturaleza por debajo del ser nos constituye y nos antecede, nos recorre y nos sobrevive. Pensaron, pues, que este flujo se identifica con el *eros* y observaron la pasión sexual como una reliquia superviviente de los tiempos en que la especie vivía aún acurrucada en el seno de la Naturaleza. Así, la Naturaleza perdida en la exterioridad del mundo era recuperada en la interioridad del ser humano bajo la forma del deseo y del instinto.

Como el *eros* irrumpe desde un fondo inmemorial, su observación exige un trabajo de recuperación. El acceso al *eros* requiere una tarea progresiva de des-limitación y des-caracterización. Se trata de borrar los signos y símbolos de dirección que la cultura ha inscrito sobre el deseo para hallar pura entre las manos esta fuerza que recorre el cosmos. El *eros* nos llega escrito y codificado, envuelto en retóricas e instituciones, captado por figuras y lógicas diferentes. Para apreciar esta intensidad con que el *homo sapiens* regresa al seno del cosmos, se hace necesario limpiar los sedimentos culturales, la capa de suciedad que la civilización deposita sobre la sexualidad. Bajo este marco se intelige perfectamente la progresiva abstracción del *eros* que lleva a cabo el pensamiento moderno. Para recuperar la pureza de una fuerza atrapada por instituciones culturales o civilizatorias, la crítica debe emprender la borradura de direcciones, propósitos, agentes, lenguajes, racionalidades, teleologías… que capturaron pero no acotaron la verdad de *eros*. Porque, desde este punto de vista, *eros* tenía una verdad y unas tristes apariencias.

Todo este trabajo de dimensionar el *eros*, de atribuirle una profundidad y una verdad, se observa suficientemente en la obra de Freud. Pienso sobre todo en los ensayos que dedica al deseo sexual en los niños y, en concreto, en el titulado «La sexualidad infantil», perteneciente a *Tres ensayos sobre teoría sexual*. Merece la pena detenerse en esta hazaña libertaria donde Freud desencadena al *eros* de las figuras que lo capturan, destapando con ello el abismo de lo sexual que experimentó la cultura de su tiempo. El propósito de este texto es demostrar la presencia de impulsos eróticos en los primeros años del individuo, pero para ello el autor se enfrenta a una inmensa tarea de descodificación: debe borrar las inscripciones culturales sobre la superficie del *eros*, pues para Freud toda la semiotización cultural solo muy levemente afecta a un niño que apenas puede pronunciar dos palabras. Freud quiere descubrir al *eros* en su máxima desnudez poniendo el ojo en la mirilla de la infancia. Por eso, desvincula la sexualidad de la genitalidad, pues solo así se hace posible detectar un deseo erótico que precede al desarrollo de los órganos genitales. El deseo, fluyendo más allá de la genitalidad, se reterritorializa en una zona «erógena», como puede ser la boca en el caso del niño que succiona su propio dedo. Freud acepta que la succión proviene de la lactancia, que cumple con una necesidad nutritiva cuya satisfacción genera placer, pero su argumento es que sobre este agrado se inscribe el placer (auto)erótico (57).[5]

Ahora bien, aun concediendo que la succión se sustrae de sus funciones nutritivas, no parece que este sea un argumento suficiente para determinar que el placer es de naturaleza sexual. Ante la insuficiencia del argumento, Freud arrastra el infante hacia la sexualidad por otras vías, que en un primer momento parecen puramente metafóricas: «Viendo a un niño que ha saciado su apetito y que se retira del pecho de la madre con las mejillas enrojecidas y una bienaventurada sonrisa, para caer en seguida en un profundo sueño, hemos de reconocer en este cuadro *el modelo y la expresión* de la satisfacción sexual que el sujeto conocerá más tarde [la cursiva es mía]» (2002: 57-58). Así, en este punto fundamental de su doctrina, todo el movimiento que traslada la satisfacción del hambre a satisfacción sexual recae en el poder de la metáfora como figura de la semejanza, en cuanto que los rasgos del niño cuya hambre se satisface se parecen —es «el modelo y la expresión»— a los rasgos de un adulto sexualmente satisfecho.

Como puede apreciarse, la metáfora suple aquí el desarrollo conceptual. Pero es que este suplemento venía de alguna manera exigido por el argumento, pues la metáfora caracteriza un deseo que de otra forma no podría caracterizarse, al ser puramente negativos los rasgos de la sexualidad infantil: «[...] hemos podido observar los tres caracteres de una manifestación sexual infantil. Ésta se origina apoyada en alguna de las funciones fisiológicas de más importancia vital, no conoce ningún objeto sexual, es autoerótica, y su fin sexual se halla bajo el dominio de una *zona erógena*» (2002: 59). Es decir, solo podemos conocer negativamente el deseo sexual infantil: no es reproductor —se apoya en otra función vital—, no es genital —se inscribe en otra zona erógena, por determinar— y carece de objeto —es una corriente que circula del sujeto al sujeto, sin salir de él—. *Eros* llega a conocerse, como

---

[5] Además, constata que «la actividad sexual se apoya primeramente en una de las funciones puestas al servicio de la vida, pero luego se hace independiente de ella» (2002: 57).

dirían los teólogos medievales, *via negativa*. La sexualidad infantil se revela a Freud como Dios a los escolásticos.

En efecto, el ensayo de Freud se sustenta sobre una base epistemológica muy parecida a la retórica del conocimiento de la teología medieval, en la que la analogía debía ser compenetrada cuando no corregida por la *via negativa* para acceder al conocimiento de Dios. Como los teólogos medievales reconstruían la faz divina por su diferencia con lo visible, así Freud requiere de grandes dosis de negatividad para construir el deseo sexual primigenio, libre de las caracterizaciones tradicionales que hacen visible al *eros*. Por ejemplo, cuando intenta dilucidar en qué zonas del cuerpo se territorializa el deseo sexual, Freud argumenta: «son éstas partes de la epidermis o de las mucosas en las cuales *ciertos* estímulos hacen surgir *una* sensación de placer de *una determinada cualidad* [la cursiva es mía]» (2002: 59). La indeterminación de esta escritura hace patente el extremado grado de sutilización con que Freud alambica el deseo en su taller de alquimista.[6]

Está claro que el propósito del ensayo acaba determinando sus resultados. La tarea de descubrir el deseo como substrato en el que la historia inscribe accidentes y determinaciones contingentes exige que *eros* no sea determinado de antemano. Para ello se despliega una batería de procedimientos lingüísticos y estilísticos que intentan sustraer del deseo toda determinación. Esta retórica negativa del deseo pertenece a los recursos escriturales que Jacques Derrida comenta en «La mitología blanca», refiriéndose a la rentabilidad con que la escritura filosófica ha sustancializado términos puramente negativos como ab-soluto e in-finito.[7] De esta manera, Freud construye una mitología blanca en la que

---

[6]   Por otro lado, Freud, cuya honestidad intelectual no quiero poner aquí en duda, reconoce su estrategia: «No cabe duda de que los estímulos productores de placer están ligados a condiciones especiales que no conocemos» y «menos decidida aún está la cuestión de si se puede considerar como 'específico' el carácter de la sensación de placer que la excitación hace surgir. En esta 'especificidad' estaría contenido el factor sexual» (59).

[7]   Escribe Derrida: «Al levantar la determinación finita, estos tienen como función romper la ligadura que sujeta al sentido de un ser particular, incluso a la totalidad de lo que es» (1989: 252).

eros comparece como la sustancialización de una fuerza cada vez
más libre de particularidades, abstraída desde lo concreto individual de su práctica hacia la totalidad cósmica —en los casos más
extremos, pero para nada raros en las primeras décadas del xx—.

Podría decirse que algunas teorizaciones continúan este proceso de «borradura», esto es, la abstracción de los rasgos del *eros*
hacia su sustancialización como absoluto según los procedimientos mitopoéticos descritos por Derrida. Lo continúan incómoda-
mente, ya que el mecanismo de la borradura sitúa el deseo en una
posición ontológica absoluta que desafina con otras versiones de
la post-metafísica postmoderna.[8] Si bien la postmodernidad se
jacta de haber defenestrado todos los absolutos, en otra versión
de la historia podría figurar que el *eros* va ocupando los lugares
vacíos del absoluto. Una vez consumada la eliminación del objeto
de deseo, de la teleología de la especie y de la cartografía erógena, queda por borrar el propio sujeto deseante, programa que
encuadra muy bien dentro de cómo la postmodernidad se piensa
a sí misma.

Aunque la trisección de la conciencia en la trinidad freudia-
na —*id, ego, superego*— realiza en cierta medida la disolución de
la subjetividad deseante, el giro hacia la demolición de la subjetividad idealista y romántica resulta definitivo en la obra de Lacan,
que sirve de punto de partida para las filosofías de la decons-
trucción del sujeto. Lacan radicaliza la imagen del cuerpo que
encontramos en el ensayo de Freud sobre la sexualidad infantil.
Concibe el cuerpo como multiplicidad sensitiva y erótica en la
que el deseo y el placer no se localizan en determinados órganos,
sino que circulan libremente por los nervios del organismo. No
obstante, en determinado momento del crecimiento, ligado con

---

[8]   Terry Eagleton señala esta contradicción interna de la postmodernidad
en su relación con el absoluto: «Todo esto acaba significando una sospecha contra algunos tipos de totalidad y una aprobación entusiasta de otros. Algunos
tipos de totalidad —la prisión, el patriarcado, el cuerpo, regímenes políticos
absolutistas— son temas aceptables de conversación, mientras que otros —los
modos de producción, las formaciones sociales, los sistemas doctrinales— serán
silenciosamente censurados» (1991: 11).

la adquisición del lenguaje —y de la Ley del Padre junto al lenguaje—, el niño atraviesa la traumática «fase del espejo»:

> «La fase del espejo es un drama cuya pulsión interior se precipita desde la insuficiencia a la anticipación, y que manufactura para el sujeto, atrapado en la atracción de la identificación espacial, la sucesión de fantasías que se extiende desde la imagen del cuerpo fragmentado a la forma de su totalidad a la que llamará ortopédica, y, por último, a la asunción de la armadura de una identidad alienante, cuya rígida estructura marcará todo el desarrollo mental del sujeto». [La traducción es mía] (1977: 4)

A partir de entonces, esa imagen ortopédica del yo modela la comprensión de sí en términos de unicidad, lo que supone una figura alienante respecto a la multiplicidad sensitiva que somos, al menos en teoría. Lacan señala así la función alienante de la imaginación, cuya creación más perniciosa es el sujeto y el orden que este impone a sus experiencias, aplicando sobre sí mismo la organización castrante y autoexplotadora inoculada por la Ley del Padre. Aquí encontramos ya las primeras formulaciones que sirven de basamento a las siguientes construcciones libertarias de *eros*.

Deleuze y Guattari aprovechan la fuerza poética de este escena casi mitológica para marcar el destino del pensamiento postmoderno con su noción de «rizoma». La condición rizomática de la existencia es la alternativa a la ya desechada fábula de la «identidad» y del «sujeto». La conciencia no es más que el resto, esto es, la parte inasimilable a la producción de intensidades eróticas que suceden en la caótica fábrica del cuerpo. Lo que llamamos sujeto se descubre aquí como ilusión residual que «nace de los estados que consume [nace exclusivamente como conciencia del placer sentido] y renace en cada estado» (1985: 24). Un análisis riguroso y desprejuiciado —el «esquizoanálisis»— revelaría que el yo resulta una sucesión de «intensidades» en el ciclo inagotable del deseo y que, por lo tanto, más felices seremos cuanto antes nos desprendamos de esta ilusión y abracemos al esquizofrénico que cada uno lleva dentro. Más adelante ahondaremos en la inserción de esta liberación rizomática en el contexto del capitalismo global.

Otro desarrollo posible lo encontramos en las teorías de Foucault. Su *Historia de la sexualidad* argumenta a favor de la naturaleza adventicia del sujeto, que se origina una vez la palabra lo inscribe, como fijándolo, en el decurso de los gestos y acciones sexuales. La inscripción se realiza por medio de prácticas institucionales de distinto tipo, diseminadas a lo largo de la vida cotidiana, cuyo objetivo es «publicar» el deseo y el acto sexual. Esto se consigue a través de una multitud de discursos que, desde la ciencia médica a la disciplina religiosa, intentan «convertir el deseo, todo el deseo, en discurso» y «llevar todo lo tocante al sexo al molino sin fin de la palabra» (2009: 21). El poder —que no debe entenderse ni como central ni como organizado— moviliza entonces prácticas discursivas que centralizan el sexo en nuestras existencias y convierten el deseo sexual en la esencia de lo que somos, en «ese punto que nos fascina por el poder que manifiesta y el sentido que esconde, al que pedimos que nos revele lo que somos y que nos libere de lo que nos define» (164). La «sexualidad» sería por tanto la institucionalización y la fijación del deseo y la práctica sexuales como «punto imaginario» donde accedemos a nuestra «inteligibilidad», nuestra «totalidad» y nuestra «identidad».

La idea de que el poder desarrolla tácticas discursivas que determinan el sexo como rasgo definitorio y taxonómico requiere cierta conceptualización *sotto voce* del deseo. Este último sería una sustancia sin atributos ni limitaciones que el acto y, sobre todo, el discurso marcan con una serie de características que lo ponen a merced de las ciencias y las disciplinas. De acuerdo con este *leitmotiv* postmoderno, el impulso sexual no está determinado, sino que recibe una determinación por parte del dispositivo discursivo de la sexualidad, y esta determinación clava el deseo sobre la persona y la persona sobre el deseo. Al fondo de la obra de Foucault encontramos el concepto no explícito de una fuerza abstracta, de casi una negatividad reificada cuya única característica es la de ser pulsión capturable por los discursos. De esto se desprende igualmente la negación de la existencia de algo como el sujeto. Si el sujeto para Deleuze y Guattari no es más que el residuo de una sucesión de intensidades, en Foucault el sujeto también se configura residualmente como producto de las prácticas discursivas que agavillan en una instancia ficticia las diversas y heterogéneas hebras pulsionales. Así, la sexualidad, de la que emana el sujeto, no es más que la escritura en el agua del dedo de la modernidad, que dibuja efímeros rasgos en la superficie de los torrentes de *eros*.

De hecho, Judith Butler ha criticado recientemente esta concepción del deseo en la obra de Foucault, activa además en otros pensadores como Lacan o Kristeva. Dicha concepción del deseo trasplantaría la ficción de una edad de oro al ámbito del sexo, tal y como la pensadora aprecia en un pasaje foucaultiano dedicado al estudio del caso Herculine Barbin. Escribe Foucault para este caso de hermafroditismo: «sonrisas, felicidades de placer y deseos se presentan aquí como cualidades sin una sustancia permanente a la que presuntamente se adhieren» (en Butler, 2007: 83). Butler señala acertadamente la contradicción entre este pasaje y la dialéctica trazada en *Historia de la sexualidad*, pues en los comentarios sobre Herculine Barbin parece que se idealiza una vida erótica anterior a la «sexualidad», es decir, a la definición y taxonomización sexuales, mientras que en *Historia de la sexualidad* Foucault había rechazado la idea de un sujeto sexual que fuese anterior a la ley y al discurso (2009: 91 y 201).[9] Con esto, Butler persigue e intenta desmontar «una noción de persona pre-sexual» y la correspondiente «metafísica de la sustancia que produce y naturaliza la categoría del sexo en sí» (76). Butler estima que la idea de un cuerpo anterior a la Ley es una tentación peligrosa que atrae a los discursos sobre el género y el sexo, pues, mientras promete una liberalización del cuerpo donde se inscri-

---

[9]   Aunque conviene recordar que para Foucault «el dispositivo de la sexualidad» es una deriva discursiva de la modernidad que, por tanto, no afectaría a otras épocas de la historia. Cuando Halperin defiende a Foucault (2002), recuerda que el pensador francés nunca escribió que antes del dispositivo de la modernidad no hubiera otro dispositivo. Según Halperin, Foucault simplemente afirmó que los modos de relación en que entraban los placeres, los cuerpos, las identidades y las instituciones era muy variado y que el dispositivo de la sexualidad era solo uno entre muchos.

ben las prácticas culturales que determinan la identidad sexual, al final remite a una ilusión naturalista de un cuerpo sustancializado. Por eso, Butler propone «desprendernos de la ilusión de un cuerpo verdadero más allá de la ley» (196).

A pesar de la crítica a Foucault, que radia también contra Lacan, Deleuze y Guattari, Butler prolonga el discurso libertario del *eros* en un devenir más radical, que consuma el sacrificio del sujeto a un nivel superior. Para Butler, la energía política del *eros* se libera contra el foucaultiano dispositivo de la sexualidad, ya no mediante la apelación a un cuerpo anterior a la ley, sino haciéndolo estallar en una multitud «no reificable» de prácticas sexuales. No obstante, la propuesta performativa de Butler arrastra la «mitología blanca» del deseo sexual, que parece enganchada a los discursos libertarios del *eros*. Si bien el deseo sexual no antecede a las figuras civilizatorias que lo capturan, en su filosofía el sujeto queda absolutamente despiezado. Para Butler, el sujeto se hace en sus actos de sexualidad. Se construye a través del sexo ejercido desde la libertad y el antagonismo. Parece, no obstante, como si el acto sexual bastase para que el sujeto se construyese, como si el sujeto *solo* existiese en la práctica sexual, como si la performatividad del sexo fuese la única. Toda la energía performativa que almacena la práctica sexual, persiguiendo la demolición de un sujeto y un deseo anteriores a la codificación, acaba por re-inscribir el deseo en la totalidad. En el afán de despiezar al sujeto, la práctica sexual se sobrecarga de determinación, satura la performatividad posible y ahoga otras dimensiones de la existencia. De no ser así, el sujeto sobreviviría al despiece, en cuanto que encuentra estabilidad identitaria en el nudo de prácticas —no exclusivamente sexuales— que a lo largo del tiempo lo constituyen.[10]

---

[10]   Vale aquí la crítica de Giddens a Foucault, quien olvidaría que la identidad es «un proyecto reflexivo: una interrogación más o menos continua de pasado, presente y futuro» (1995: 38). Al lado de Giddens podríamos situar a Zygmunt Bauman, quien también se lamenta de los costes en orientación existencial y proyecto vital que nos supone un *eros* cada vez más absolutizado y más abstracto: «Los hombres y mujeres postmodernos» han cambiado una porción de

En cualquier caso, a lo largo de este sumarísimo recorrido por la historia de las ideas sobre *eros* observamos una poderosa abstracción a la hora de pensar el deseo. Incluso en los momentos más lúcidos en que se intenta corregir esa «mitología blanca» —Foucault, Butler—, existe siempre un efecto perverso de esta lógica que se acaba vertiendo como un ácido sobre la condición personal del *eros*. La disolución de los perfiles personales se dirige en todo caso hacia una finalidad libertaria. Tanto para Foucault como para Butler, la identidad es un producto de prácticas discursivas sobre la subjetividad: eliminar al sujeto fuerte equivale, por tanto, a liberar al deseo de las hipotecas y aduanas que los poderes, almacenados subrepticiamente en la conciencia o el inconsciente del sujeto, imponen al *eros*. La estrategia intelectual pasa por liberar a *eros* para que este pueda actualizarse, realizarse libremente en cada momento. Como resumió en su día Alain Touraine, «muchos han llevado la crítica del poder y de su huella sobre el individuo hasta predicar una sexualidad sin límites, polimorfa [...]». Más adelante, el sociólogo plantea la pregunta a la que queremos llegar aquí: «Pero, ¿cómo escapará esta posición, que puede afirmarse como postura estética, que conserva su fuerza liberadora, a la trampa de reducir al Otro a ser un puro objeto de placer?» (1997: 79). Así, los discursos orientados a socavar las pretensiones de los totalitarismos más conservadores pueden no resultar tan efectivas ante un sistema de opresión capaz de hacer trabajar esa liberación a su favor, sin necesidad además de instaurar ningún sujeto para el deseo. Este es el régimen del capitalismo.

---

sus posibilidades de seguridad por una porción de felicidad. [...] Los descontentos de la postmodernidad emergen de una forma de búsqueda de placer que tolera muy poca seguridad individual (1997: 3)». Quizá sea un signo de lo profundo que ha calado este malestar el hecho de que Gilles Lipovetsky —el otrora apóstol de la postmodernidad más despreocupada y frívola— haya reculado en uno de sus últimos trabajos: «salta a la vista que este imaginario libertario no está ya vigente [...] el movimiento del individualismo *cool*, despreocupado, ha sido sustituido por un crecimiento de las inseguridades, las inquietudes, la preocupación por el futuro [...]» (Bauman, 2016: 292).

III. Poesía entre la Transición y el siglo xxi

Los principales agentes de esta conceptualización realizaron su tarea intelectual con la mira puesta en la liberación del sujeto. En cierta medida, estaban en lo cierto, ya que la liberación del cuerpo y sus placeres podía funcionar como estrategia subversiva contra estrategias totalitarias de opresión. Su rendimiento ha quedado demostrado en la crítica feminista —Hélène Cixous, por ejemplo—[11] y la postcolonial — sobre todo, en Frantz Fanon (2009)—. Los tiempos, no obstante, han cambiado; al menos para las democracias occidentales. Lo que otrora suministraba vivencias de libertad y esperanza ahora emerge como un espacio más de dominio por parte de las lógicas capitalistas del consumo.

La paradoja de nuestra situación es que la abstracción conceptual del *eros* entra en solidaridad con la abstracción que, por otro lado, el capitalismo lleva a cabo sobre el placer, transformándolo en mercancía y consumo. De manera que, si la urgencia política para construir una comunidad distinta pasa por recuperar el *eros* como experiencia de la presencia del otro, el *eros* debe trabajarse a contrapelo, contra la inercia de los discursos más críticos, sólidos y convincentes que conducían el deseo erótico en dirección opuesta, hacia su liberación respecto a cualquier sujeto.

El objetivo de este libro es pensar nuevas articulaciones de *eros* y *polis* bajo las condiciones culturales y sociológicas del capitalismo tardío, desde el presupuesto de que el discurso sesentayochista o libertario del *eros* ya no funciona como vector de antagonismo ni sirve para la construcción de experiencias e imaginarios de comunidad. Esta búsqueda, sin embargo, no la llevaremos a

---

[11] Escribe elocuentemente Cixous en litigio contra las metáforas reificantes del discurso de la sexualidad:

Forma, convexo, paso, avance, semen, progreso.
Materia, cóncavo, tierra— donde se dan los pasos que se hunden en el suelo

Hombre
_____
Mujer

Siempre la misma metáfora: la seguimos, nos lleva con ella, bajo todo sus figuras, donde sea que el discurso se organice. (1994: 37).

cabo en los territorios de la filosofía, pues creemos que otro lugar nos ofrece mayores posibilidades. Cuando Roland Barthes emprendió su reflexión sobre el amor, entendió que no podía hacerlo con las técnicas y metodologías habituales del pensamiento filosófico. Necesitaba emplear, por el contrario, un discurso con el que poder observar las «figuras» propias del *eros*. El *eros* no se articula según paradigmas lógico-analíticos, ni siquiera narrativos; se expresa en repentinos gestos del alma y del cuerpo, que se enhebran con el azar propio de la vida: «ninguna lógica liga las figuras ni determina su contigüidad: las figuras están fuera de todo sintagma [...] el *discursus* amoroso no es dialéctico: gira como un calendario perpetuo, como una enciclopedia de cultura afectiva» (2007: 16). El *eros* no es una noción, ni un concepto, ni siquiera una teoría; es una experiencia que envuelve idea y praxis, cuerpo y emoción, naturaleza y cultura. De manera que es la literatura, y no la filosofía, el lugar desde el que mejor podemos pensar el *eros*; o, mejor dicho, la literatura nos suministra las figuras que, lejos de abstraer aún más el *eros*, nos devuelve la plenitud de sus experiencias.

Por eso, esta reflexión se vuelca sobre la poesía, intentando extraer de ella experiencias en que se hacen visibles tanto las aporías del *eros* tras la postmodernidad como los intentos de pensar y vivir nuevamente la potencialidad política del deseo erótico. En este sentido, no cabe duda de que la poesía ha funcionado en la cultura occidental como el lugar privilegiado para la enunciación del discurso amoroso, para la expresión del sentimiento amoroso y para la articulación del pensamiento sobre la vivencia amorosa particular. En concreto, dentro de la poesía propongo meditar desde los textos de cinco poetas cuya nómina no es para nada casual: Álvaro García (1965), Aurora Luque (1962), Juan Antonio González Iglesias (1964), Jesús Aguado y Luisa Castro (1966).[12]

El interés de estos autores no radica exclusivamente en que estas escrituras poéticas se hayan centrado en las felicidades y

---

[12] En el apéndice pueden encontrarse sus perfiles biográficos y literarios. Sirvan de presentación al lector poco familiarizado con la poesía española actual.

malestares de las formas de amar contemporáneas, como tendremos ocasión de comprobar. Se trata, además, de que estas voces pertenecen a una generación poética que, para nuestro objetivo, ocupa un lugar temporal privilegiado para nuestras inquietudes. Como escribe Domingo Sánchez-Mesa acerca de esta generación:

> «Es seguro que ninguna promoción poética vaya a vivir entre los dos siglos como ésta está destinada a hacerlo, pues su educación vital e intelectual se produce en el último tercio del siglo pasado [...] pero su madurez, su mirada y su voz se han visto naturalmente obligadas a adaptarse rápidamente a un nuevo tiempo, donde las propias tradiciones seculares en las que hunden sus raíces los poemas escritos por ellos ya no pueden ser leídas de la misma manera que lo hacían sus predecesores. Aunque aún muy jóvenes en su mayoría, estas mujeres y hombres [...] viven un tiempo histórico marcado para nuestro país por las condiciones sociopolíticas, económicas y culturales derivadas, por un lado, del fin de la transición democrática y, por otro, de la incorporación de España a la UE y al ámbito internacional». (2007: 15)

Algo parecido afirma Vicente Luis Mora en el sustancioso prólogo a su antología *La cuarta persona del plural*, cuando sitúa en la llegada de la Transición la divisoria entre promociones poéticas: «las personas que alcanzaron la mayoría de edad cuando España alcanzó la libertad democrática tienen una cosmovisión muy diferente de las nacidas con anterioridad (amén de una formación educativa diferente [...])» (2018: 21). Ya que no «niños de la guerra», estos «adolescentes de la Transición» se educaron sentimentalmente en la difusión de la cultura del 68 a lo largo de los setenta, cuando el *eros* libertario ejercía cierto antagonismo en los últimos años de la dictadura. Tuvieron accesibles, por tanto, las utopías del deseo, que incidieron notablemente en su formación intelectual y su educación sentimental. Pero su periplo formativo no terminó de cerrarse cuando ya España había ingresado con pleno derecho en la comunidad internacional, abriéndose definitivamente a los flujos del capitalismo global. Por ello, esta generación pudo igualmente observar la institucionalización política y cultural de la Movida, la reificación de los cuerpos en el cine del destape, la mercantilización del *eros* que no tenía, ya, antagonistas. Entre la Transición y la globalización, observaron la pérdida del filo utópico del deseo. Amaron, por fin, entre los discursos libertarios sobre el deseo y su subsunción capitalista, padeciendo en sus cuerpos y sus escrituras la urgencia de rearmar el amor como oportunidad política.

La primera figura de este discurso amoroso la componen los dos amantes retratados en *Canción en blanco*, un poema de la extensión de un libro que vetea escenas de intimidad amorosa en un cuarto de hotel con las referencias al contexto sociopolítico de su tiempo y, en concreto, a la inminente invasión de Irak por parte de Estados Unidos. Comenzamos, por tanto, con la amarga constatación de que las revoluciones eróticas individuales, esto es, los reordenamientos del mundo en los giros del amor entre dos, no consiguen posicionarse en un antagonismo efectivo contra las disposiciones geopolíticas e identitarias del capital, por lo que los dos amantes del poema largo de Álvaro García, si quieren proseguir su pasión ordenadora del mundo, deben aprender a amar no en la habitación de un hotel, sino en el centro mismo de la conciencia de la muerte de otros. En el segundo capítulo, analizaremos conjuntamente la poesía de Aurora Luque y Juan Antonio González Iglesias. Veremos que esta poesía reacciona contra cierto malestar con que se vive el *eros* postmoderno, y que proviene de su eminente abstracción, del vaciamiento al que ha sido sometido por el pensamiento expuesto en la sección segunda de esta introducción. Para rellenar el *eros* de presencia, Luque y González Iglesias aspiran a recuperar algunas de las dimensiones del *eros* clásico y abrir el deseo a la presencia del otro. La cala en la poesía de Jesús Aguado nos permitirá contemplar figuras de ausencia: su experiencia poética se corresponde a la de la desaparición de la consistencia del otro bajo una espesa niebla de metáforas. Al final de su poesía, pondremos en valor otros dispositivos más allá de la metáfora que posibilitan experiencias del otro en el poema. En el último capítulo, dedicado a la poesía de Luisa Castro, saltaremos desde este malestar que provoca el *eros* vaciado al rearme cívico y político de la experiencia erótica, sustentado precisamente en la presencia del otro reconquistada en el discurso amoroso.

A lo largo de estas páginas, construiremos pues una reflexión *desde* la poesía, arrojándonos *desde* ella al pensamiento sobre nuestras formas de amar contemporáneas. De ellas pretendemos extraer, en última instancia, una nueva oportunidad no solo para el *eros*, sino también para la comunidad política. Al fin y al cabo, como escribió al final del siglo pasado Octavio Paz «la regeneración política incluye [debe incluir] la resurrección del amor» (1993: 171).

Capítulo 1

EL INFINITO YA NO CABE
EN UNA HABITACIÓN DE HOTEL
(DESDE ÁLVARO GARCÍA)

La primera figura de nuestro discurso amoroso contemporáneo la encontramos en una habitación de hotel frente al mar. En ella, dos amantes repiten gestos que otros realizaron a lo largo de los tiempos, pero enseguida comprueban que los efectos no son los mismos. El dios que los amantes conjuran ya no se deja apresar en las convocaciones de antaño y en este fracaso los cuerpos desconcertados delinean una figura del *eros* de nuestro tiempo, componiendo la primera letra de nuestro fragmentado discurso amoroso. Podríamos empezar por otro lugar, pero escogemos esta perplejidad y este fracaso de unos amantes que no consiguen experimentar la totalidad prometida por *eros*. Una imagen rasga la esfera de esta totalidad y echa abajo los puentes que conectan el *eros* con la *polis*. *Eros* se ha vuelto políticamente intransitivo.

I. UNA FIGURA PARA UN SENTIMIENTO DE LA TOTALIDAD

Con *Canción en blanco* (2012), Álvaro García pensó que había completado el «tríptico de la plenitud» inaugurado diez años atrás (entrevista de la Fundación Loewe, 2011). *Canción en blanco* culminaría ese tríptico porque rondaba la totalidad y aspiraba a ponerla en pie en el poema: «allí [en un pequeño hotel junto al mar] me puse a trabajar en tiempo real, de nuevo en busca de la totalidad», relata García en la misma entrevista.[13] En el poe-

---

[13] Algunas reseñas de la obra persiguen el rastro de esta totalidad en el poema. Luis García Jambrina señala que *«Canción en blanco* se caracteriza por la

ma-libro, la totalidad constituye una experiencia esencialmente
amorosa o, mejor dicho, son las pequeñas acciones del amor las
que nos abren las posibilidades de sentir la totalidad en la piel.

Por doquier los gestos amatorios horadan ventanas comuni-
cantes en el tiempo y en el espacio. Ese instante y ese recinto de
amor están como saturados de correspondencias que ensanchan
la sensibilidad y la extienden hacia otros lugares y otras edades.
García compone un poema que es un *aleph*, un punto que como
una estrella irradia en sus múltiples vértices hacia otros puntos,
en afanes de emplazar la totalidad en unos pocos metros cua-
drados y en unas apuradas coreografías amorosas. Así, la caricia
no toca solo el cuerpo presente, se estira hacia el pasado, pues
quiere poner todo bajo el tacto:

> [...] Te ríes,
> inventas para mí un modo de estar
> en la cabaña de tu prado íntimo
> donde soñabas que te amaban hombres.
> Querernos siempre o más: hacia el pasado:
> habitar en la infancia uno de otro. (2012: 33)

Tiene sentido decir que la caricia resignifica el pasado hasta conseguir habitarlo, hasta deslizarse al interior de la cabaña
del «prado íntimo». El poema llena de presencia el pasado de
la amada, pero también rescata y colma de vida la infancia del
poeta amante:

> De pequeño, la bola del frontón en la alberca vacía
> era como un billar hundido en luz
> con un pájaro muerto en una esquina,
> el vuelo ahogado contra el muro seco
> [...]
> El musgo revelaba un terciopelo vivo,
> aplazamiento de la historia, vivo
> el día en que voló el pájaro muerto. (2012: 33)

---

aspiración a lo absoluto y la búsqueda de la totalidad» (2012), y sobre esta idea
basa Juan Manuel Romero su reseña.

La caricia echa a volar el pájaro caído en el tiempo y aplaza el riguroso juicio de la historia, que distingue lo vivo de lo muerto. De repente, aquella imagen de la infancia cobra sentido y vida cuando se dice en las palabras de un relato amoroso. El presente erótico resucita el pasado y lo pone en circulación entre el yo y el tú. Al refigurar el pasado, el presente se estira, como una arcilla que podemos extender con los dedos, precisamente acariciándola: «el tiempo como arcilla que acariciamos / un presente infinito» (47). «El infinito es un tiempo en la piel» (37), dice otro verso de *Canción en blanco*.

Con cada caricia los amantes van componiendo la totalidad de su tiempo. La envergadura de esta totalidad no se mide exclusivamente en los pasados personales, ya mutuos. El amor se va proporcionando, al modo de los románticos, como una fuerza por encima de lo individual, de proporciones más bien cósmicas: «Con la cara en tu vientre, / imagino la tierra al sol del tiempo, / sus siglos de luz de la edad única» (23). La caricia se alía con la imaginación —cuya función reside en hallar entre las cosas «conexiones no evidentes» (Álvaro García, 2005: 155)— para propagar el instante erótico y hacerlo tan amplio como la historia de la Creación. El vínculo que la imaginación hila nos abre los entresijos de la experiencia erótica de *Canción en blanco*, pues en el poema el amor convoca lo que existe a su presencia con afán de convertirse en «edad única». El amor aspira aquí a lo absoluto: desata en cada poro del microcosmos su correspondencia con el macrocosmos. Por eso el amor necesita involucrar a la imaginación y expresarse en el lenguaje poético que despliega las analogías: son aliados en el esfuerzo de conmensurar lo mínimo con lo cósmico.

Uno puede pensar la imagen citada de *Canción en blanco* como un ideograma —tal y como lo entendían poéticamente Ezra Pound y Ernest Fenollosa—: la tierra iluminada por el sol se inscribe sobre la imagen de un rostro descansando sobre un vientre. Dicho ideograma significaría «eternidad del instante», «presente infinito» o una experiencia temporal parecida que no reconoce fisuras en ese ahora suspendido eternamente.[14] *Canción en blanco* se apropia de la forma de componer basada en el ensamblaje veloz de planos de realidad que remite al Modernismo anglosajón, cuando el sujeto apenas puede aunar sus experiencias, que le superan en sus registros históricos y geográficos. Espoleada por el amor, la imaginación está llegando a su límite, al umbral de sus capacidades. La imaginación casi desbordada, a punto de quebrarse, manifiesta las aspiraciones de *eros* a la totalidad. Sobre esta experiencia erótica, el filósofo Martin Buber comenta que el Tú «llena el orbe» y explica: «No es que nada exista fuera de él [del Tú]: pero todo lo demás vive en su luz» (1993: 13). El mundo está en el amor, cabe en su recinto, se aúna en ese amor como la música reúne las notas en una sola melodía y la poesía hila los planos de realidad yuxtapuestos en un solo cuerpo verbal. De hecho, *Canción en blanco* empieza: «Solo puedo decirlo / con la canción en blanco: / imágenes que se unen al decirlas / como las líneas de la carretera / se vuelven línea entera en la velocidad» (9). La canción y el *eros* hilan el mundo: «el amor y la música / reordenan el mundo, / mientras parece que lo desordenan» (15). La simultaneidad del poema no debe entenderse entonces como testimonio de un ensamblaje imposible a lo Ashbery, sino más bien como la conformación poética de una totalidad: un plano de consistencia ontológica que, encapsulada en las cuatro paredes de un hotel, el poeta intenta fabricar como un capullo de seda contra los inviernos del capitalismo tardío.

II. TOTALIDAD O CAPITALISMO

A pesar de que el poema, como los amantes, aspire a componer la figura de la totalidad, es otro su destino. El «presente infinito» de *Canción en blanco* destella en algunos versos, pero no sobrevive a las pruebas que tiene que atravesar. Los enamorados ensayan la reconstrucción del mundo en su refugio privado, pero fuera aguardan formas más dolorosas de existencia. La épica co-

---

[14] De hecho, Álvaro García encuentra en el pensamiento poético de Pound la inspiración necesaria para alcanzar la simultaneidad que exige las cosmovisiones de *Canción en blanco* (2005: 27, y entrevista de la fundación Loewe).

tidiana de *Canción en blanco* narra el fracaso de la *hybris* de estos amantes que pretendieron la desmesura contra la analítica mesurada del capital: la imaginación y la música —que son «simulacro de una salvación» (2012: 15)— ensamblan a contrapelo lo que las presiones socioeconómicas desmenuzan. Así, la totalidad alcanzada mediante la hiperconectividad erótica se enfrenta a experiencias de temporalidad e identidad de cuño postmoderno, esto es, fragmentarias:

> En tardes afiladas,
> en mañanas mirándome el reloj por las aceras,
> la prisa me desdobla,
> me vuelve un batallón de identidades
> en dónde solo es yo el que queda atrás. (2012: 37)

Lo que parece una breve anécdota desvela en realidad todo un sistema socioeconómico descargado ontológicamente sobre el sujeto. La prisa se convierte en el reverso de la plenitud temporal alcanzada en la habitación de hotel; se opone en todo a la caricia despreocupada por los segundos que pasan y que se sabe dueña de un tiempo otro. La prisa, en cambio, es la preocupación por la temporalidad, donde la angustia existencial por el tiempo se encarna en agobio socioeconómico. La prisa es la urgencia por optimizar las horas: la capitalización del tiempo mismo. Y esta necesidad de rentabilidad temporal traduce psíquicamente una macroestructura en que el tiempo se halla ordenado por el capital,[15] y que incide gravemente en el «precariado», nueva clase en la que el propio poeta ingresó al perder su empleo como periodista a raíz de la crisis económica de 2008.

De esta manera, *Canción en blanco* articula el antagonismo entre la compacidad del cuerpo en la totalidad erótica y las ontologías tardocapitalistas que producen la condición fragmentaria del sujeto. En el *Anti-Edipo*, Deleuze y Guattari dan cuenta de cómo el capitalismo tiende hacia la esquizofrenia, que marcaría el umbral o límite absoluto de la sociedad contemporánea (1985:

---

[15] Lo han expuesto los sociólogos Luis Enrique Alfonso y Carlos Jesús Fernández Rodríguez (2013: 130).

40). Para los autores, el capitalismo favorece una «descodificación» y «desterritorialización» de todos los «flujos» —las conti-
nuidades potencialmente infinitas pero convencionalmente de-
limitables de lo material— ante el que las antiguas regulaciones,
leyes y prescripciones ceden en beneficio de la libre circulación
de la riqueza y del deseo generado y satisfecho por las posibilidades de esta misma riqueza. Mediante la libre circulación, el
capitalismo colabora con la esquizofrenia: libera y pone en circulación dinero y mercancía, igual que la esquizofrenia descodifica
y desterritorializa los flujos del deseo, desbordando los débiles
diques del sujeto.

Canción en blanco da cuenta de esta patología al narrar la experiencia del desdoblamiento. Bajo el régimen de la prisa, el yo
sufre una metástasis acelerada, se multiplica en un «batallón de
identidades», pierde la plenitud de pasado y presente conquis-
tada en el lecho amoroso. En este sentido, y contra el malestar
postmoderno, Álvaro García apuesta firmemente por una revolución individual —«Hemos hablado mucho de la moral y el tiempo / y la revolución individual / la única posible o no sangrienta»
(2012: 53)— centrada en el cultivo del placer que atiende a una
doble vertiente: erótica y poética. En entrevista con Manuel de la
Fuente, García declara: «Me gustaría que el efecto que [el poe-
ma] produjera fuera el mismo que a mí me produce, la ruptura
del ritmo práctico, la velocidad práctica de la vida. Creo que el
arte rompe ese ritmo y nos sumerge en otra duración» (2012).
Esta otra duración de la poesía se coordina con la lenta plenitud
adquirida en la experiencia amorosa, y difiere por su naturaleza
hedonista de los regímenes más prácticos de la existencia:

> El dedo con que enciendes tú la luz
> es distinto del dedo acusador [...]
> Nada aquí se parece
> al dedo humedecido con la lengua
> para que el juez se ampare en una página
> del código penal o el diccionario
> donde dice qué cosa es una cosa.
> No importa tanto aquí un significar,
> las palabras anidan por su aroma. (2012: 43)

Ahora bien, el antagonismo radical expulsa a los amantes de la *res publica* en virtud de su marginalidad, explícitamente buscada y defendida. Quienes se aman no dejan de ser «reyes sin reinado […] / en calles de un exilio / que justifica el reino sin sentido» (2012. 41). Más tarde, *Canción en blanco* sitúa la marginalidad de los amantes en el límite entre lo real y lo irreal: «esta quimera intacta, / aceptación tenaz / del sueño al que otro orden deja al margen: / pura concentración de lo irreal / en un modo que existe» (2012: 41). La paradoja de esta irrealidad que aun así existe marca el desplazamiento de los amantes desde el seno de lo real-social hacia una realidad apenas mantenida entre dos. Una distinción tan marcada entre el reino de los amantes y el reino de la prisa condena de antemano cualquier intento de conciliar el principio de placer y el principio de realidad, esto es, el *eros* con la *polis*. Escarmentando quizá en el fracaso revolucionario del 68, Álvaro García no parece creer como Herbert Marcuse que el principio de realidad y el principio de placer sean reconciliables,[16] de manera que el amor, más que un antagonista, deviene un refugio contra el capital.

Aquí *Canción en blanco* comienza su camino divergente para las políticas del *eros* que arman otras escrituras poéticas. Pienso, por ejemplo, en *Piedra de sol,* también protagonizado por dos amantes que capean el temporal del siglo encerrados en un cuarto de hotel. En el caso de Octavio Paz, el bombardeo fascista sobre Madrid ocupa el lugar de las alienantes condiciones socioeconómicas del capitalismo tardío. No obstante, la estructura del poema es muy parecida, y Paz opone la fiereza con que dos se aman bajo las bombas contra las alienaciones hipócritas del siglo:

---

[16] Herbert Marcuse predicaba un nuevo modo de Estado en que la exigencia del trabajo no coartara la libre expresión de la libido (1981: 129 y 148). Aunque Marcuse ciertamente desconfía de la vía revolucionaria —«cada revolución ha sido una revolución traicionada» (93)— abre la puerta al cambio hacia una forma de vida más imaginativa, ya que la imaginación escapa del principio de realidad y por eso «visualiza la reconciliación del individuo con la totalidad, del deseo con la realización» (157).

> [...] el escorpión meloso y con bonete,
> el tigre con chistera, presidente
> del Club Vegetariano y la Cruz Roja,
> el burro pedagogo, el cocodrilo
> metido a redentor, padre de pueblos,
> el Jefe, el tiburón, el arquitecto
> del porvenir, el cerdo uniformado,
> [...] las paredes
> invisibles, las máscaras podridas
> que dividen al hombre de los hombres,
> al hombre de sí mismo [...]
> se derrumban
> por un instante inmenso y vislumbramos
> nuestra unidad perdida, el desamparo
> que es ser hombre, la gloria que es ser hombre. (1979: 270-
271)

También Álvaro García transforma a los amantes en los nuevos sujetos de la revolución, pero el poeta malagueño no les permite la victoria política que Paz sella en *Piedra de sol*. El poeta mexicano aún podía soñar con la Harmonía de Fourier y promocionar un Estado estético, al igual que Marcuse podía proclamar la llegada de un Estado imaginativo, pero el evento histórico que desmantela todas estas utopías y que se experimenta como ruido de fondo en *Canción en blanco* es la crisis económica sufrida en el 2008, cuando se evidenció que el Estado del Bienestar se hallaba a merced de las mareas del capital y no podía sostener la dicha de los amantes.

En este sentido, la renuncia de los amantes a la *res publica* puede traslucir el recelo post-crisis hacia las organizaciones estatales y, en concreto, hacia el Estado de Bienestar. El poema sintonizaría con lo que el filósofo Alejandro Llano llamó «el fin de la utopía» (2017: 28): una proceso político que transita desde la sustitución del proyecto utópico por el modelo del Estado de Bienestar y el posterior fracaso del Estado de Bienestar a la hora de gestionar y satisfacer las necesidades de los ciudadanos en los momentos más crudos.[17] En sintonía con este desencanto, García no puede conferirle la victoria política a los amantes. La única alternativa que resta pasa entonces por refugiarse en un cuarto de hotel, que ya no es barricada, sino una suerte de albergue en la tormenta. Los amantes de *Canción en blanco* ensayan las soluciones románticas de un Charlie Chaplin que, al final de *Tiempos modernos*, encuentra en el amor un consuelo para su derrota sociopolítica. Pero la tormenta arrecia y las maderas del refugio crujen. Se filtran el viento y la nieve. Las grietas empiezan a abrirse en el presente infinito que contenía la habitación de hotel. Por ellas entrará la Historia.

III. GRIETAS EN LA TOTALIDAD

Como demiurgos, los amantes fabrican una interioridad con afán de Absoluto en la que resguardan su *eros* de las tribulaciones sociales. Allí componen una suerte de cosmos autosuficiente, en el que la música y el amor ordenan el giro de las cosas. Unos versos de *Canción en blanco* afirman que «Todo lo que no ocurra en un poema / o en la conversación de dos que se aman / será hacer torpe el giro de las cosas» (2012: 55). Los amantes de *Canción en blanco* persiguen el mismo fin que los de *Piedra de sol*: articular en el acto amatorio una resistencia política mediante la conquista de una ontología robusta, que desarme con su plenitud las depauperaciones existenciales de un régimen social alienante. Sin embargo, constantes interferencias mellan la armonía que anhelan componer los amantes, que quieren pero no pueden amarse contra el capitalismo tardío, pues ya su amor es una herramienta políticamente intransitiva.

Lo sorprendente de *Canción en blanco* es la coherencia estética con que García expone al oído atento los fracasos de esta totalidad. García mantiene activa a lo largo del texto la metáfora de la música como articulación de un mundo alternativo en una totali-

---

[17] Todo esto, en fin, ya lo había anunciado Jürgen Habermas en su ensayo *La crisis del Estado de Bienestar y el agotamiento de las energías utópicas*: la previsible incapacidad del Estado del Bienestar para organizar «una aplicación jurídico-administrativa de programas políticos» que establezcan «formas vitales» espontáneas y autónomas por las que necesariamente pasa el bienestar del individuo (1988: 124).

dad de sonido. Para expresar la imposibilidad de cerrar esta totalidad, García agujerea su canción en blanco. Hay lugares donde, podríamos decir, la música total trastabilla torpemente. Por estos lugares, que son como grietas en el sonido, el mundo, expulsado del reino marginal de los amantes, reivindica sus derechos.

Canción en blanco se compone mayoritariamente de endecasílabos y heptasílabos blancos, pero de vez en cuando esta música elástica y ágil tropieza: es el efecto de las rimas que García siembra en su poema con inteligencia rítmica. Leamos un ejemplo de esta «torpeza» que molesta al giro enamorado de las cosas: «Vuelven por la avenida de la noche / carretas con cortinas, con macetas» (2012: 55). La rima interna en -eta reclama la atención del lector. Allí la lectura se enreda. La velocidad del verso se detiene y, retomando la imagen inaugural de *Canción en blanco*, eso hace que las líneas de la carretera ya no parezcan una sola. Entre un segmento y otro se genera un hueco; en la música se abren fisuras por donde entra lo extraño a los afanes sintéticos y totalizantes del amor. En efecto, esas «carretas» no traen «un motivo concreto de fracaso», pero sí «el horizonte de fracaso / del hecho mismo de peregrinar / en busca de una fuente de certeza» (55). La rima será entonces horizonte por donde ver llegar la quiebra de las esperanzas puestas en *eros*.

El propio poeta comenta en su primera entrevista con la Fundación Loewe el uso de estas rimas esporádicas, que a menudo toman forma de pareados «en que la conciencia sale bruscamente del cuarto» (2011). Así pues, los esporádicos pareados operan rupturas en el tiempo y espacio totales de la habitación de hotel. La más amenazante es sin duda la que introduce otro contrapunto histórico a la eternidad amorosa, dejando que la Guerra de Irak se cuele en el refugio:

> En la televisión
> se enciende la invasión.
> Se nubla la codicia contra un pueblo
> con el tronar del vuelo de un odio calculado.
> Cuándo les va a quemar la despedida.
> Opongo eternidad, no opongo dioses,
> a la tiniebla fría del morir [...] (2012: 45)

Nadie enciende la televisión. Ninguno de los dos amantes aprieta el botón del mando, sino que —según expresa el uso reflexivo del verbo— la televisión se enciende sola. Sucede como en esas películas de terror en las que la pantalla prende de repente y hace de paso franco entre las fuerzas espectrales y la intimidad doméstica. Así lo prescribe, de acuerdo con Todorov (2001: 48-49), la lógica narrativa del terror: un agente extraño y peligroso incursiona en un universo al que no pertenece. La imagen de la televisión que «se enciende» transmite esa atmósfera terrorífica en la que la Guerra de Irak irrumpe con toda su exterioridad en el universo de los amantes.

La Guerra de Irak trae un «horizonte de fracaso», un *memento mori* para el presente infinito de la caricia. Poco después de la irrupción, la voz poética organiza el antagonismo y enfrenta al capitalismo —la codicia contra un pueblo— la eternidad del instante amoroso: «Opongo eternidad, no opongo dioses / a la tiniebla fría del morir» (2012: 45). No obstante, lo interesante del texto es que la noticia de la Guerra de Irak invalida la opción de la eternidad. Como he adelantado, *Canción en blanco* no esboza una actitud triunfalista del *eros* sobre el capital, pues la conciencia de los amantes poco a poco abandona la confianza en la conquista absoluta del tiempo y se escora hacia la muerte en un aprendizaje de la contingencia: «Sé que habrá que marcharse después de ir aprendiendo / el tiempo como arcilla en la que acariciamos / un presente infinito, / el humus en que crecen los olivos o el hombre, [...] ser vivo que se ampara en el continuo» (2012: 47). El fragmento trabaja de nuevo sobre la idea de un «presente infinito», solo que esta vez el tiempo está abierto a la muerte, en busca de una «continuidad» que no se consume en un encuentro entre dos. Aprender la contingencia significa ahora ingresar en la comunidad orgánica del mundo, donde los otros mueren lejos de las eternidades amorosas. Es como si la conciencia de la próxima invasión mellara el mito del amor, como si la catástrofe demostrara, al fin, que *eros* no puede organizar el mundo desde una habitación de hotel:

> Ahora, en el amor al fin no hay caso,
> hay este estar,
> esta atención al diluirse
> del árbol en la lluvia y en la noche.
> Tú, yo, la humanidad, necesitábamos
> el mito del lugar que redimiese el propio,
> el trajín redentor,
> la romería universal del tiempo,
> danza del universo que es consciente
> de ser el universo
> en el reinado de los días cortos
> que pasamos aquí con la misión
> de aprender a volvernos inmortales.
> Anuncian la invasión para esta noche
> arrugada y manchada
> como una servilleta tras la cena. (2012: 51)

García muestra aquí el vaciamiento del mito redentor del amor, el desencanto político de un mito que había conjugado Octavio Paz en *Piedra de sol* y que rindió quizá su fruto contra el fascismo, pero que ante el capital del siglo XXI solo puede contemplar inerme, mientras se va a invadir un país, un árbol que se diluye en la noche. Este *eros* tiene que aprender *de nuevo* a volverse inmortal, pero la inmortalidad no significa aquí, no ya, erguir cuatro paredes para encerrar una totalidad, sino salir del encierro e ingresar en la comunidad doliente, en el humus de muerte donde todos los seres terminan confundiéndose. La inmortalidad significa, paradójicamente, dejarse filtrar por la muerte, aprender junto a los otros la propia contingencia, desamparada de la robustez ontológica que aseguraban los mitos redentores del *eros*:

> Las víctimas que no están en su tumba
> están en la memoria
> de la ciudad que no pudo salvarlas.
> Como la filtración
> de una humedad en un muro,
> pocas cosas más vivas que la muerte
> como yedra que en lápida impugna las palabras
> de un mismo amor en dos o tres idiomas.

> Así una vida, así la eternidad,
> reescritura de sí bajo los árboles
> junto al mar que duplica
> la extrañeza de dentro en la de fuera,
> como muerte que duda de ser muerte
> igual que yo dudaba de mi vida. (2012: 59)

La filtración de la muerte, que empapa ahora la habitación de hotel, supone una invitación a la «reescritura de sí» en la exterioridad, bajo los árboles, junto al mar. La reescritura de sí pasa por esta salida a la extrañeza, que implica situarse en el aire donde flota la memoria de los muertos que la ciudad no pudo salvar. El incremento de las referencias a la invasión de Irak, ya inminente, y el protagonismo de la muerte al final de *Canción en blanco* sugieren un cambio de emplazamiento, que va de la habitación de hotel donde sucedía el *eros* a la exterioridad de la ciudad donde sucede la memoria.

En las últimas páginas, el tema de la muerte eclipsa efectivamente las intimidades eróticas. Los amantes están como fuera de su refugio y ahora son incluidos en la órbita de *thanatos*. Son como arrastrados por una atracción centrífuga hacia la *polis*, obligados a abandonar un refugio que se desmantela, instados a escribir de nuevo las palabras de otro amor que no impugne la yedra en la lápida del muerto. Los dos actos significan, en realidad, lo mismo: reescribirse mediante una reescritura del concepto de *eros*; reescribirnos al trocar el *eros* que se totaliza en la habitación de hotel por otro *eros* que ingresa en la perentoriedad del mundo y acompaña a la memoria de los que mueren.

Tal cambio está marcado por una transición entre la interioridad y la exterioridad, que abandona un espacio que nunca podía ser refugio contra el capital, sino tan solo el mito de un refugio, el espejismo de una protección alienante. Esto es, en definitiva, un cuarto de hotel: la ilusión de protección contra los mecanismos de lo social. No obstante, al fin y al cabo, el refugio escogido para capear el temporal tardocapitalista[18] es, precisamente, un espacio típico del capital, uno de esos «no lugares» que Marc Augé considera como propios de la ciudad postmoderna: espacios de paso nacidos de la hiperconexión y la aceleración, lugares inhabitables destinados al tránsito en los que paradójicamente nuestra forma de vida nos hace pasar demasiado tiempo (1993: 83). No es, por tanto, el refugio idóneo si uno quiere escapar de las alienantes condiciones y presiones económicas de la postmodernidad. Y por supuesto, no es el espacio propio para articular *eros* y *polis*, amor y ciudad.

En contraposición a los «no lugares» como los cuartos de hotel, Augé señala que los lugares habitables se distinguen por ser «identitarios, relacionales e históricos». Si bien es cierto que la habitación permite desarrollar la identidad de los amantes en un plan de consistencia ontológica, iluminando desde el presente compartido la historia de cada uno, el cuarto de hotel no es un espacio relacional abierto a una sociedad ni, un escenario vivificado por la historia. A esto responde en definitiva el pasaje citado de *Canción en blanco*, ubicado hacia el final del poema. Allí se brinda la invitación de una reescritura de sí y del *eros* experimentada en un cementerio: bajo los árboles, junto al mar, entre las lápidas, dentro de la memoria de la ciudad que no pudo salvar a sus víctimas.[19]

El final de *Canción en blanco* muestra de esta manera la bancarrota política de un espacio mítico para *eros*. La crítica que Emmanuel Levinas dirige contra la filosofía de Buber —según la cual el amor no sirve como paradigma de sociabilidad pues los amantes se bastan entre ellos, se encierran en su amor, y dejan el mundo fuera, negando así la sociabilidad auténtica, que comenzaría siempre con el tercero (1993: 34)— descarga su potencia contra el *eros* de estos amantes que se empeñaron en una «revolución

---

[18]   Recordemos que Álvaro García explica la Guerra de Irak remitiendo a actitudes asociables al capitalismo: «En la televisión / se enciende la invasión. / Se nubla la codicia contra un pueblo / con el tronar del vuelo de un odio calculado» (2016: 50). Como se sabe, aunque el argumento oficial justificara la guerra por la búsqueda de bombas atómicas en Irak, no quedan descartadas motivaciones económicas —aquellas relacionadas con la importación y el precio del petróleo, por ejemplo—.

[19]   De hecho, el cementerio es el lugar donde Álvaro García retoma la poesía en su siguiente libro, *Ser sin sitio*.

individual», en resistir a los tiempos amándose. Los revoluciona-
rios ya no pueden amarse en los cuartos de hotel como sucedía
en la mitología del *eros* libertario. Ahora han de hacerlo en las
aperturas del mundo, rodeados de la memoria de los muertos,
que llena el aire del exterior.

Capítulo 2
COMO GOTAS EN EL OCÉANO DE LA BELLEZA
(DESDE AURORA LUQUE Y JUAN ANTONIO GONZÁLEZ IGLESIAS)

Aurora Luque (1962) y Juan Antonio González Iglesias (1964) aparecen a menudo emparejados en las antologías y manuales de la poesía española más reciente. La razón estriba en que ambos poetas han cultivado sus respectivas escrituras bajo la intensa influencia de la cultura grecorromana. La obra poética de estos dos autores establece un diálogo explícito con las culturas que hoy llamamos clásicas, de las que heredan, reescribiéndolos, motivos, personajes, dicciones, ideas. Los dos poetas, además, se han desempeñado profesionalmente en el estudio, la enseñanza y la difusión del legado poético griego y romano.

Todo esto sería tangencial para esta investigación si Luque y González Iglesias no compartieran además similar propósito a la hora de indagar en las fuentes clásicas de nuestra civilización. Sus escrituras sintonizan en un nivel más profundo. El horizonte en que confluyen sus caminos consiste en rescatar para nuestro presente los valores de un *eros* distinto, el *eros* en que conjugan nuestras esperanzas de felicidad. Aunque ambos poetas redefinirán el *eros* de maneras diversas, Luque y González Iglesias comparten el punto de partida y lo hacen, al menos, en dos sentidos. Por una parte, irriga su poesía la misma tradición de lo grecolatino y este es el enclave cultural que origina o dinamiza los deseos de su escritura. Pero, por otra parte, su punto de partida es un presente en que ambos se sienten ligeramente desplazados. Esto último completa los rasgos de la afinidad: es esta incomodidad hacia el presente —y, dentro del tema que estructura esta investigación, hacia las prácticas eróticas del presente— lo que motiva el escorzo hacia el *eros* clásico. El malestar traza una línea de fuga que escapa de lo postmoderno hacia lo clásico, generando así un movimiento típico de la escritura que habremos de llamar en las conclusiones «neo-humanista»: la proyección del pasado hacia el futuro, el trabajo sobre el presente con herramientas actualizadas de la tradición. Veamos la coreografía de figuras que componen todos estos movimientos.

I. EL ESPLENDOR DEL CUERPO Y LA DEVALUACIÓN DE LA EXISTENCIA

Cuando Luque y González Iglesias conjuran el *eros* clásico, orientan la energía propia de estas experiencias contra un modo de existencia devaluada que padece nuestro presente. A la sombra de un pasado quizá más esplendoroso, ciertos aspectos de nuestra vida deslucen y oscurecen. De manera que la convocación del *eros* clásico les sirve a un mismo tiempo para denunciar lo que la vida es y para anunciar lo que podría llegar a ser. Esta otra vida capitaliza un *eros* en libre y feliz circulación, no lastrado por las graves hipotecas de la culpabilidad ni la trascendencia más ascética. Libre de las amarras que lo atan al pasado —la culpa— y al futuro —la trascendencia—, el presente navega y se desliza gozosamente por el mar de *eros* —eso, al menos, dice la teoría—. A primera vista, parece que tanto Luque como González Iglesias abrazan el discurso libertario y sesentayochista.

Esta configuración conceptual descrita se transparenta, por ejemplo, en los momentos donde la vocación sociopolítica de la escritura de ambos autores se hace más transparente. En Aurora Luque, sucede en algunos de sus últimos poemarios, como el en este sentido explícito *Personal y político* o *Cuaderno de Flandes*, donde encontramos el poema «La culpa de la crisis»:

> Es al revés: vivimos siempre muy,
> muy por debajo
> de nuestras más genuinas posibilidades.
> Esos ojos que envían
> átomos encendidos al modo lucreciano
> están muy por encima del nivel.

Y ese cuerpo tan terso,
recién hecho a la vida y abrumado
por ímpetus y furias,
traspasa la delgada línea roja.

Vivimos siempre por debajo,
en nuestros propios sótanos mohosos. (2021: 217)

Luque construye su poema sobre el extendido argumento con que popularmente se intentó explicar la crisis económica del 2008: la quiebra bancaria respondería a la incapacidad de devolución de los préstamos y deudas contraídas por aquellos que quisieron vivir «por encima de sus posibilidades». Este argumento traducía la compleja matemática de la crisis financiera en términos más inteligibles, al precio de inscribir lo económico en lo moral y, sobre todo, con el dudoso efecto de diluir en la culpabilidad colectiva responsabilidades individuales. Este hipotexto conquista para el poema un sentido político que apenas se averigua en el léxico mismo que conforma el texto. Un poco de significado dispensado por el hipotexto genera en esta eficiente economía textual una importante corriente de sentido político, articulado en el contraste entre la vida y sus posibilidades. El poema, en efecto, condena por una parte la «verdadera» razón de la crisis que vivimos —el habitar «nuestros propios sótanos mohosos»— mientras que por la otra formula la más genuina posibilidad: el *eros*, cuya clasicidad se subraya mediante la descripción de dos rasgos frecuentados por los poetas griegos, que Luque tan bien conoce.

Contra los sótanos donde la vida actual se acuartela, Luque convoca la teoría lucreciana pero sobre todo estoica de la visión, que más tarde será fundamental para el petrarquismo. Pero, si los «átomos encendidos» que el ojo envía evocan inevitablemente los «espíritus vivos y encendidos» del soneto VIII de Garcilaso, el apellido que usa Luque —«al modo lucreciano»— arranca el poema de la constelación petrarquista para ponerlo en la órbita del *eros* griego. Desde temprano la lírica griega adaptó el vocabulario y la fisiología materialistas del estoicismo y del epicureísmo para explicar la aparición del sentimiento amoroso, que sucedía fundamentalmente como afección de la vista. La explicación «lu-

creciana» del *eros*, endeudada en el fondo con las teorías de Epicuro y los estoicos griegos, permite además la articulación entre
la visión y el cuerpo atormentado por los «ímpetus y furias» del
amor. El materialismo implícito en el «modo lucreciano» asevera
que, a través de la mirada, el cuerpo se contagia casi venéreamen-
te de *eros*. Como explica bellamente Rodríguez Andrados, el *eros*
no se manifiesta físicamente como alteración de los ritmos del la-
tido o la respiración, sino que es esa misma afección física. En el
eros se pliegan organismo y espíritu, indistintos ante el esplendor
de un cuerpo bello (1971: 14).

Al establecer el contraste entre la vida actual y su más genuina posibilidad, el poema de Luque señala la crisis y el modo de
salvarla, la miseria de nuestro tiempo y el remedio que prescribe.
Luque no reduce la miseria a la penuria económica. Miseria significa aquí más bien una indigencia de la intensidad corporal y
vital que saturaría el *eros* «al modo lucreciano». Se trata de una especie de «muerte en vida», de existencia tristemente devaluada.
En este sentido, «Marguerite y Adriano conversan en un vagón de
AMTRAK» hace pareja con «La culpa de la crisis», pues se suma a
la definición de la miseria la crisis o el malestar que *eros* enfrenta
en nuestro presente. Dicho malestar es un anticipo de la muerte:

> No hace falta, Adriano, llegar a los umbrales de la muerte.
> A veces esas salas ateridas y pálidas
> las visita la mente mucho antes, cuando el no-amor practica
> glaciales cirugías sobre un músculo torpe
> que llamaron deseo. (2021: 216)

En el poema de Luque, la muerte altera su significado aunque se mantiene del lado de lo puramente corporal. De hecho,
supone una especie de de-función biológica, un deslustre y aca-
bamiento del cuerpo practicado por el «no-amor», es decir, por
los modos nocivos en que nuestra sociedad vive o desvive el deseo.[20] En este sentido, la autora ha encaminado su poesía hacia el

---

[20]   Marina Bianchi, quien ha interpretado en esta clave el texto citado,
aclara la estructura ideológica subyacente a estos poemas cuando afirma que «la
falta de deseo» corresponde a una «sociedad postmoderna» que ha perdido el

claro propósito de acrisolar los momentos en los que *eros* intensifica la experiencia del cuerpo, encendiendo la vida. La palabra poética se propone sustraer estas intensidades del eclipse a la que la sociedad las somete:

> «El poeta ha de ser crítico con la construcción de la Historia y lo histórico en todo lo que suponga un conato de secuestro de su presente, en todo proyecto hipócrita que suponga un aplazamiento del ser. La sociedad paraliza, entorpece y desactiva los discursos individuales; la poesía recarga de sentido la palabra y la hace apta y luminosa para contribuir a la vocación de plenitud de cada vida». (2006: 20)

Con estas palabras, Luque consagra su poesía a la experiencia intensa y plena del presente y, al final de su texto, alinea su «poética solar» (33) con el proyecto filosófico hedonista que recientemente ha propulsado Michel Onfray. Como Luque, el pensador francés ha querido rescatar del olvido de la historia las filosofías epicúreas para contrarrestar con su celebración del cuerpo «la miseria sexual» de «un cuerpo esquizofrénico, que se odia a sí mismo y reivindica para sí la ficción de una supuesta alma inmaterial e inmortal y termina por gozar de la pulsión de muerte cultivada *ad nauseam* por la ideología dominante» (2008: 119). En cuanto que Onfray achaca a los valores de la postmodernidad la alienación del cuerpo —«esquizofrénico» es en este sentido un adjetivo cargado de intención—, la poética solar y neo-epicúrea se postula como salida al malestar postmoderno mediante una recuperación de la presencia radiante del cuerpo.

La poética de Luque y la filosofía de Onfray hondamente sintonizan.[21] En esta comunidad de pensamiento se incluye la poesía de González Iglesias, quien comparte con ellos el tropismo «solar», marcado por la necesidad de recuperar el cuerpo de

---

contacto con «lo palpable», con «la comunión con la naturaleza y con nuestros orígenes» (2019: 85).

[21] La importancia de la filosofía de Onfray para la obra poética de Luque, y en particular para su proyecto de recuperación del esplendoroso y materialista *eros* griego, ha sido suficientemente expuesta por Josefa Álvarez (2013: 51-67).

entre las brumas de la postmodernidad. Su poesía consagra la plenitud vital contra los regímenes del «cuerpo esquizofrénico». Esto se encuentra ya desde su primer libro, *La hermosura del héroe* (1994), que alberga dentro de sí los deseos y las preocupaciones que marcarán la trayectoria del autor.

En el prólogo que encabeza *La hermosura del héroe* encontramos el mismo antagonismo que estructura la filosofía de Onfray y la línea poética de Luque. González Iglesias delimita en este texto su definición personal de héroe, a quien corresponde efectivamente una tarea salvífica, aunque su ejecución no será a través de la lucha ni del sacrificio. La salvación que trae el héroe recorre más bien el camino del goce: héroe es aquel que de la belleza consigue la moralidad, proyectando la belleza en la esfera moral que públicamente concierne. El héroe no salva al pueblo, pero rescata la plenitud de lo humano y evita que dicha plenitud caiga en la corrupción y la decadencia. El héroe de González Iglesias mantiene viva «la humanidad como esencia» (2010: 21), proponiendo en el espacio de lo social la «plenitud del hombre, presentimiento de los dos polos que limitan y ennoblecen nuestra naturaleza: los animales y los dioses: el instinto y el espíritu, que no son sino dos nombres de lo que habitualmente llamamos amor» (21).

El prólogo recurre como hacían Luque y Onfray a la potencia del cuerpo pleno que ha dejado atrás cualquier dualismo entre alma y materia y, por tanto, cualquier sometimiento o devaluación de esta por aquella. Además, en González Iglesias resuena el contraataque de Luque y Onfray: en el cuerpo vivido plenamente se exorcizan los fantasmas de la alienación. Aquí la fantasmagoría conjurada no es otra que el astillamiento ontológico de lo que González Iglesias consideraría la peor postmodernidad: «La exactitud corporal del héroe resuelve la confusión de mitologías heredadas por la postmodernidad, convirtiéndola, y convirtiéndose, en energía que inaugura el futuro» (2010: 21). Así, la luminosa rotundidad del cuerpo del héroe despeja la nebulosa metafísica que nos aflige a favor de una experiencia de ser intensa, completa, sin fisuras: es el mismo proyecto al que responden algunos poemas de Aurora Luque y algunos momentos de *Canción en blanco*.

El héroe es, por ejemplo, el atleta, como a menudo recuerdan las «olímpicas» de González Iglesias. En *La hermosura del héroe* concibe el autor el primero de este género de poemas que celebran el deporte como lugar donde el cuerpo esplende. La «Olímpica primera, nadador» está dedicada a Martín López-Zubero y conmemora el día en que el nadador español recibió la medalla de oro. La victoria deportiva se transforma en logro ontológico:

> Asciende el cuerpo que eres. La belleza
> te muerde los tobillos en el podio.
> Alzas el brazo que en la piel exhibe
> rayo solar por única pulsera.
> Saludan los soldados. Los ancianos
> reverencian el cetro que perdura
> y mueren por cercar la anchura espléndida
> de tu espalda y en un largo gemido
> ser el niño y ser el hombre [...]
> del amor declarada como una gran batalla,
> tú, príncipe océanida, tentación de los dioses,
> atleta de los émbolos, de los muslos gemelos,
> feliz, triunfal, infante sorprendido y acuático,
> sincronizada toda tu hermosura, sonríes. (2010: 25-26)

González Iglesias carga de valor ontológico el acto de entrega de la medalla: subido al podio, el héroe sincroniza su hermosura, se ha hecho dueño de ella a través de la competición y el duro entrenamiento y por eso habita felizmente el cuerpo que es. Frente a la ideología de las identidades y los cuerpos plurales, él y su cuerpo son uno solo. El contenido erótico con que González Iglesias reviste además la imposición de la medalla responde al valor existencial que el atleta alcanza. El héroe atrae sobre su hermosura el deseo de los ancianos, que reconocen su mérito y reverencian su prodigio. Son además personajes que proyectan el deseo del poeta sobre el propio atleta. Así, González Iglesias alinea la hermosura como logro ontológico con el deseo que responde a esa experiencia. En última instancia el héroe salva porque aviva, porque recupera la ardorosa juventud en esos ancianos que gimen por ser niños y hombres a la vez. En su deseo ellos también sincronizan su perdida hermosura.

Del poema podemos sacar en limpio la importancia de esta sincronía, experiencia en que la bruma postmoderna se disipa y el cuerpo coincide plenamente con el ser. Esta coincidencia de uno consigo mismo, doma del ser sobre su despedazamiento y su abstracción, será a partir de aquí —primer poema que frisa *Del lado del amor*, libro que reúne la producción poética de González Iglesias hasta 2009— de fundamental importancia. Muestra de la pervivencia de esta idea la encontramos en un libro muy posterior, *Eros es más*, donde en el poema más pop «You light up my life» González Iglesias la relanza: «Aristóteles dice: un cuerpo bello / debe ser percibido en su totalidad. / Así te vi llegar esta mañana. / Venías de correr una hora en bici […]» (2010: 280). Pero, antes de *Eros es más,* el segundo poemario de González Iglesias se denominaba precisamente *Esto es mi cuerpo*, aseverando desde el título la plenitud de esta sincronía, de esta coincidencia profunda, de esta «totalidad» corporal. De este libro, «No seré nunca un líder» recupera la figura del atleta y su importancia sociopolítica, pero ahora no hay ancianos de por medio. Poeta y atleta riman finalmente en el abrazo:

> […] Así estrangulo
> a este tangente atleta en un abrazo
> hecho de fuerza, para compartir
> con él la auténtica inmortalidad,
> la que sólo el amor confiere. No
> tenemos ya costumbre de nombrar
> así al amor pero yo anuncio que es
> exactamente eso. Me complacen
> sus bíceps, aunque no más que los míos.
> Es para mí. Yo soy para mi amado.
> Él es mi holografía acariciable.
> […]
> Somos dos animales del verano.
> Simétricos atlantes, sostenemos
> el dintel transparente del futuro.
> […]
> Nosotros somos la naturaleza. (2010: 83-84)

El poema se complace a menudo en esta veta de animalidad que el *eros* explora. Constantemente remite el deseo erótico a la «naturaleza», a «lo elemental», como si deseando uno recuperara cierta conexión con el cosmos, del que el ser humano moderno se encuentra alienado. En conexión recuperada con el cosmos, uno verdaderamente es, parece decir el poema. El fragmento que propongo, además, encapsula dos momentos de crítica hacia el presente, reforzados por el extracto de Kevin Powell que encabeza «No seré nunca un líder»: «La verdad de nuestro radical deseo de cambio no debe basarse en el grito de slogans, sino en una manifestación de nuevas formas activas» (2010: 83). Bajo este signo, el poema dirige la energía erótica contra la contemporaneidad, movilizando una «manifestación de nuevas formas activas» que encuentra en el amplexo sexual su mejor actividad.[22] Este *eros* recupera en primer lugar la animalidad o naturalidad que de alguna manera hemos perdido en el presente: «No / tenemos ya costumbre de nombrar / así al amor». En consecuencia, este gesto agita el presente y lo pone en circulación hacia el «futuro» sostenido por la simetría de los cuerpos. Por supuesto, la simetría de los cuerpos que se aman consigna la naturaleza homoerótica del encuentro. En cierto sentido, el poema reivindica una especie de ingenuidad natural o primitivista para el sexo homosexual. Pero el homoerotismo se juega en más de un nivel y lo que me interesa ahora es que la simetría de los cuerpos hace que el poeta contemple y admire su cuerpo igualmente atlético, como contagiado —o salvado— por la hermosura del héroe. Héroe y poeta son en el sexo atraídos hacia un momento y un lugar donde sus cuerpos comparecen plenamente. Allí ambos devienen naturaleza.

---

[22]   El cuerpo del atleta es percibido como una interpelación que nos conmina a cambiar de vida, volviendo a una existencia que Sloterdijk denominaría «re-somatizada». En *Has de cambiar tu vida,* Sloterdijk reflexiona sobre el significado del cuerpo atlético en la modernidad a propósito del soneto de Rilke al torso de Apolo: «el cuerpo autoritario del dios-atleta actúa inmediatamente por su carácter ejemplar sobre aquel que lo contempla. También él dice lapidariamente: "Has de cambiar tu vida"» (2012: 44).

Amor significa entonces revolución, es decir, regreso al origen, que no es otra cosa sino plenitud de ser en el ser. Este es el significado del *eros* clásico que González Iglesias quiere rescatar y que quiere reintroducir en nuestra «costumbre». En el prólogo a *Eros es más*, el poeta salmantino explicita lo que aparece sugerido en «No seré nunca un líder»:

> «Algunas palabras pertenecen al diccionario de términos intraducibles. *Eros* es una de ellas. Es una de las palabras que seguimos diciendo en griego, porque algunas cosas se dicen para siempre en el idioma de aquellos que mejor lo han conocido. Los griegos antiguos veían a Eros como una divinidad primordial que gobernaba la propia vida de los dioses. Un principio cósmico que tendía a unir a todos los seres de la naturaleza». (2010: 273)

Queda claro entonces que el poeta pretende rescatar del olvido cultural ese *eros* cósmico que nos conecta con cada ser de la naturaleza. Ese esplendor está llamado a brillar sobre la *polis*:

> «La minoría virgiliana va a estar encargada de hacer sociales algunos valores que hemos perdido. El equilibrio. La finura a la hora de abordar los asuntos públicos. La comprensión de la humanidad como una esencia común, el imperecedero adagio de que nada de lo humano me es ajeno. Naturalidad para el cuerpo y para el eros. Cerca de Grecia, cerca todavía de los dioses, sin miedo a reivindicar la sacralidad de la poesía, sabiendo que esa sacralidad puede ser cultural y laica, o religiosa y espiritual. Moviéndose por esos extremos como quien se desplaza en un espacio serenamente luminoso. Así se sintieron Horacio y Virgilio. Urbanos, pero partícipes de la naturaleza. Por eso se dijo que los antiguos nos esperan en el futuro». (2008: 40)

II. GOTAS DE ABSOLUTO

Se han aclarado los rasgos del vector que dirige la poesía de Aurora Luque y Juan Antonio González Iglesias hacia la Antigüedad grecorromana y, en especial, su concepción cultural del *eros*. Luque y González Iglesias se sienten atraídos por el carácter «solar» de este *eros* que lustra placeres y cuerpos. Luque y González Iglesias sitúan allí una experiencia erótica libre, pero que no reniega de la presencia del otro en el encuentro amoroso. Como hemos visto, cierta naturalidad enjaeza en el fondo la querencia por el *eros* grecorromano. *Eros* vehicula una forma de experimentar el deseo y el cuerpo más cercana a la plenitud de otros seres vivientes, una intensidad que antecede y sobrepasa las codificaciones culturales con las que la sociedad captura la energía del instinto.

Pero el comentario anterior permite descubrir la dificultad que atrapa el proyecto poético de Luque y González Iglesias. Ambas escrituras trabajan sobre una aporía que bifurca la misión poética en dos direcciones difícilmente conciliables. Por una parte, los dos desean recuperar la configuración cultural del *eros* que redima nuestro erotismo fantasmático y abstracto. Por la otra, el erotismo al que Luque y González Iglesias acuden se sitúa en lo que podríamos llamar un grado cero de la cultura, es decir, un estado de naturaleza en que sexo y cuerpo esplenden en su más gozosa desnudez. Nos enfrentamos entonces a una obra que pretende recuperar a través de determinada configuración cultural la naturaleza más desnuda. Una primera solución, lo hemos visto aquí, pasa por provocar conceptualmente el solapamiento entre el *eros* clásico y el *eros* ingenuo o «natural». En Aurora Luque, esto sucede mediante una selección de rasgos del *eros* grecorromano donde prima la reivindicación del instante presente, la liberación de toda trascendencia judeocristiana y la celebración del cuerpo enamorado donde no hay ninguna distinción entre espíritu y materia. En González Iglesias, el *eros* satura de presencia el instante sexual: estamos intensamente en el cuerpo cuando amamos —allí materia y espíritu son una sola cosa— y esa intensidad nos conecta con la manera plena en que existen los animales y los dioses, es decir, aquellos que habitan sin preocuparse del futuro. No obstante, la aporía que anida en estas escrituras no se deja apaciguar fácilmente y en numerosos momentos de la obra de Luque y de González Iglesias cultura y sexo se desacoplan, trastocando el alivio que proporciona el trabajo conceptual que solapa *eros* grecorromano y naturaleza. Cierta incomodidad torpedea entonces las fantasías eróticas presentes en la obra de ambos poetas.

En «La culpa de la crisis», Luque exhorta a vivir por encima de nuestras posibilidades mediante la recuperación del *eros*. Esta exhortación la aplica sobre sí misma en un poema de *Carpe noctem*, titulado «Gel». La composición —una de las más conocidas y comentadas de la autora— sirve para mostrar un instante en que tal empresa goza de cierto éxito. «Gel» fisga un momento de higiene íntima: el sujeto poético se toma una ducha con «esa esponja / porosa y amarilla que compré en un mercado / obsceno de turistas en la isla de Hydra» (2021: 111). La procedencia geográfica de la esponja sirve para activar la fantasía, que es tanto erótica como retórica:

> De pronto el gel recuerda —su claridad lechosa,
> su consistencia exacta— el esperma del mito,
> el cuerpo primitivo y trastornado de Urano,
> un susurro de olas mar adentro
> y una diosa que aparta
> los restos de otra espuma de sus hombros. (2021: 111)

El texto cristaliza un momento de fantasía que colma de sensualidad y erotismo el momento de la ducha. Ducharse se torna un acto erótico en que el cuerpo del sujeto poético se empapa del esperma del mito. La mitología inyecta intensidad sexual en el bajorrelieve de los actos más rutinarios, alzando así la costumbre a una altura mayor. Irrumpe la sensualidad del mundo clásico en la degradación del presente, que tiene por correlato la obscenidad del mercado rebosante de turistas. La irrupción carga de intensidad erótica el poema: el mito activa el erotismo.[23]

La conclusión del poema precisa qué tipo de ayuda presta el mito clásico al presente devaluado. Luque compara la descarga corporal y emocional que proporciona el mito con una droga

---

[23] Como escribe José Andújar Almansa, «el vigor de los antiguos mitos ha querido encarnarse en metáforas de actualidad para seguir alentando en nosotros un permanente desvelo, nuestros sueños y deseos contemporáneos» (2008: 12). Y el propio González Iglesias, en un texto que comenta la poesía de Luque, señala precisamente esta capacidad del mito para «encarnar el deseo» (1996: 9).

que electriza la costumbre, que abre en nuestra estrechez vital nuevas dimensiones temporales:

> Me punza una emoción tan anacrónica,
> un penoso latir, hondo y absurdo,
> por ese mar. Busco una dosis
> de mares sucedáneos.
> Cómo podría desintoxicarme.
> Dependo de por vida
> de una droga. De Grecia. (2021: 111)

Más allá de la comparación, estos versos proponen un problema que atraviesa la escritura de Luque. Pues la cuestión no es ya la de electrocutar el presente con las descargas eróticas del mito, sino de saber cuán lejos llega esta drogodependencia, es decir, en qué medida la experiencia erótica depende del suplemento grecorromano para sobrepasar el *eros* abstracto y mercantilizado del capitalismo tardío.

Para conocer la envergadura de la dependencia, basta una lectura a lo largo de la obra de Luque. Comprobaremos que la acción suplementaria de la escritura sobre el deseo es constante. Fijándome solo en uno de sus primeros libros, *Problemas de doblaje*, encontramos en varias ocasiones estos efectos. El poema «Baremo» indaga en la importancia de la cultura griega para la educación sentimental de la poeta, poniendo especial énfasis en la forma en que la mirada clásica configuró sus expectativas sobre el amor y el deseo: «Con la emoción pagana que extraje de los libros / y de la adolescencia / llegué al amor y he vuelto» (2021: 78). «Azuloscuro» celebra en este sentido «la inmensa inteligencia del deseo» (85) y compara el deleite del cuerpo con una navegación homérica: «las lentas odiseas por tu cuerpo / en el sabio navío de la búsqueda / en todos los senderos tan exacto, / propicio a saturar, con islas encendidas / las nostalgias antiguas» (85). El disfrute de esa navegación lenta y morosa, que imita a la del propio Ulises, se realza precisamente en la equiparación de la caricia con la épica. Más adelante, el poema «La leyenda del cuerpo» consigna la solidaridad entre la cultura helénica y el goce erótico:

El tacto: narraciones
de una teogonía suficiente:
ninfas en la saliva, los mensajes
de iris en la sangre, el asediar
las amazonas, cuantas alegorías
quisiéramos del fuego, la conciencia
suprema de la piel.

El cuerpo amado nunca
es solamente cuerpo. (2021: 95)

Estos ejemplos bastan para contrastar el papel que juega en
el erotismo de Luque el suplemento cultural de la Antigüedad
grecolatina. Sin embargo, como he avanzado antes, no hay que
olvidar que esta dependencia provoca a medida que se desarrolla
un malestar que se manifiesta de diversas maneras. Aunque el
siguiente epígrafe tratará extensamente sobre esto, el fragmento de «La leyenda del cuerpo» adelanta la honda problemática
que atañe la fantasía poética en su uso más erótico. En efecto,
sometido al ejercicio de esta fantasía, «el cuerpo amado nunca es
solamente cuerpo»: sufre la ampliación o el ensanchamiento, la
intensificación o la profundidad con la que el cuerpo es trabaja-
do por esta cultura erótica que socorre constantemente al deseo.
El otro ya no es solo él, sino una presencia transformada por la
levadura de la imaginación. Resurge aquí todo un dilema ético
que no pierde nada de filo cuando leemos en profundidad la
poesía de Juan Antonio González Iglesias.

Son también muchos los poemas de González Iglesias en los
que la proyección de la mitología clásica sobre el cuerpo amado
intensifica el gozo sexual. Podría citar, por ejemplo, la «Canción
para el centauro adolescente» —que se encuentra en *La hermosura del héroe*—, en la que González Iglesias fabula la condición
centaura de su amante, seguramente para acercarlo a esa forma
de amar animal o natural que prefiere el autor salmantino: «[...]
Indecisa / cintura de centauro, si corcel o doncel / no resuelve
en el bivio la belleza, / y hay un cráter pequeño en la tersura /
asediado de equina pubescencia» (2010: 28). Podría volver también a un poema al que he aludido antes, la «Olímpica primera,

nadador», donde la fantasía fermenta la competición deportiva
para sacar a flote el erotismo latente:

> Intercontinental tibio misil
> —intangible en el silbo de su vuelo—
> trayectas el océano en rectidumbre.
> Seminal como miembro decisivo
> tu certidumbre engendra en el azur
> feliz bullicio de constelaciones. (2010: 24)

El tenor gongorino de estos versos y los que siguen en la
composición amalgama elementos clásicos y contemporáneos y
los enreda en una desarrollada metaforización para impregnar
de deseo la retransmisión deportiva.

Más allá de la imaginería clásica aleada con elementos contemporáneos, la fantasía dispone de otras maneras de fertilizar
lo real. En este punto del comentario me interesa más atender a
cierto trabajo que el *eros* grecorromano ejerce sobre el encuentro
sexual, conduciéndolo a cierta forma de trascendencia. Pues si
Luque —apoyada quizás sobre las teorías de Onfray— rechaza
toda trascendencia como un secuestro del presente y pretende
limpiar de la poesía erótica la «basura petrarquista» (Luque,
2006: 20), González Iglesias, por el contrario, ha movilizado en
su poesía la experiencia sexual con el impulso ascendente de *eros*.
Esto no quiere decir que el autor sustituya el horizonte grecorromano del *eros* por un *eros* de distinto tipo; por el contrario, aprovecha aún más la energía del *eros* platónico y neoplatónico que
impulsa el sexo hacia lo trascendente. Naturalmente, es en esta
configuración cultural donde se produce la imbricación entre el
eros grecorromano y las creencias católicas de González Iglesias.[24]

En realidad, la aleación de cristianismo y paganismo lograda
por una idea trascendente del *eros* que pertenece de suyo a la
tradición helénica aparece ya en *La hermosura del héroe*. «Profecía

---

[24] «Quizá por ello, en *Esto es mi cuerpo*, me he librado otra vez de algunas
contradicciones que nunca tuve [...] Aquí soy cuerpo puro y espíritu puro [...]
Aquí están mi paganidad y mi religiosidad. Borges llamó felices a los que guar-
dan en su memoria palabras de Virgilio o de Cristo», (2010: 61), escribe el poeta.

de tu piel maravillosa» es un poema complejo, de cierta violencia interna, pues intenta dar coherencia discursiva a algunos movimientos que amenazan con la dispersión. Comienza el poema casi como una de esas elegías latinas que ruegan por que llegue el día en que la amada o el amado finalmente se entregue: «Creo en un día soleado, mi esperanza lo siente / o lo quiere o lo teme o muere porque sea / cercano al fin sencillo como el puño de un niño. / Creo en el día luminoso en el que tú te rindas / Podré atenerme entonces a tu piel verdadera» (2010: 51). El poema pronto se complica, pues ese tú, que *a priori* ostenta el amado como ocurre también en las elegías latinas, padece entonces una transformación ejecutada por el lenguaje religioso —y, concretamente, eucarístico—: «Serás tú convertido en materia dulcísima. / Serás tú bajo forma de la forma preciosa / de tu cuerpo, en especie de sol y de hermosura» (51). El poema enuncia en lenguaje eucarístico el acto sexual: «Fulgurará tu peso sobre mí repartido / miembro a miembro sellándome con tu forma adorada / y el esplendor que irradian todas tus proporciones / traspasará los límites de mi piel hasta hacerme / hermano para siempre de la hermosura tuya» (52). Todas estas operaciones lingüísticas conducen el texto hacia el final, donde se manifiesta por fin la confusión entre las dos entidades que aspiran a ostentar ese tú —Dios y el amado—: «Entonces será dulce temblar ante tu piel / y morir, y acercarme, y sentir solamente / esa extensión suave de Dios entre mis manos» (52).

La paradoja que este texto propone es que el amado es conducido e incluso sometido a la divinidad, transformado en ella, mientras que el poeta enuncia por el contrario la manifestación de su «piel verdadera». La ofuscación entre ambos elementos que logra el lenguaje permite la emergencia de una pregunta espinosa: ¿a quién se ama en este poema? ¿Al amante o a Dios? Depende en última instancia de la voluntad de interpretar en qué dirección se desplaza la metáfora, si es Dios quien aparece bajo forma del amado o si es el amado quien se compara a Dios hasta sus últimas consecuencias. En realidad, el poema quiere mantener abierta una tercera opción, aquella que dice que el hombre con que el se tiene sexo y Dios son lo mismo. Esta tercera opción, mientras que es muy difícilmente sostenible desde un cristianismo ortodoxo que acusaría esta interpretación de panteísta, se legitima dentro de una perspectiva auspiciada por el *eros* grecorromano.

La pasión sexual en la cultura clásica es una afección que el individuo padece. Sus fuerzas pertenecen al régimen del entusiasmo, esto es, de tener un dios dentro. En el deseo un dios nos habita y nos aliena de nosotros mismos. La propia Luque lo explica en su introducción a *Los dados de Eros*, una antología de textos griegos con temática amorosa: el eros es un «trastorno», un viento huracanado que nos agita, un fuego que nos devora por dentro, una fuerza que nos deja a su merced, desnudos en su intemperie (2011: 9-12). Más pertinente aún para el poema que comentamos es la teoría del *eros* que se desprende de los diálogos platónicos: los amantes capturan en el cuerpo del otro el resplandor de una belleza que no se circunscribe a la materialidad del tú. Es reflejo de una belleza superior, de la «verdadera belleza». Es esta belleza divina la que enciende en última instancia nuestro deseo y a ella nos juntamos mediante el sexo. De manera que no amamos la belleza del otro exactamente, sino el reflejo de la belleza divina en ese cuerpo particular. Esta idea posibilita más tarde al neoplatonismo entender el *eros* como una aspiración a la fusión dionisíaca con el Uno.[25]

Identificamos con esta la concepción del *eros* que late en el fondo de la poesía de González Iglesias: el *eros* como movimiento ascendente, como vehículo conducente a Dios. Como dicen los versos de «El *California Centre for the Arts*», «perdido el absoluto, cada uno / busca en su propio cuerpo cierta vía / que le conduzca al Todo (la mayúscula / es mía). Los que somos / amor no traicionamos la inocencia» (2010: 120). En otra composición, también de *Esto es mi cuerpo*, González Iglesias introduce en un poema de amor un tema mitológico conectado con la concepción clásica del *eros*: el espejo de Dionisio. Citaré un fragmento largo de este poema, «101, Champs Élysées», para ilustrarlo:

---

[25] Este desarrollo sigue las ideas de Jean-Pierre Vernant (1996).

Entre mis dedos pasa la plenitud del mundo como rumor
que fluye,
laberinta mi oído la plenitud del mundo como rayo que fluye,
mis ojos escanean la plenitud del mundo como seda que fluye,
mi cuerpo distribuye la plenitud del mundo
en cada movimiento. Sobre nosotros hay
balcones que se asoman directamente al cosmos.
Satélites de plata obedecen tornando
con lentitud robótica la música más dulce
de los años setenta: Bonney M., Village People,
un obrero, un piel roja, Bonny Tyler aullando.
Así está la belleza, con fragmentos de espejo
alzada hasta sí misma, así quedan las horas:
una cinta continua sobre la que bailamos.
Cada cuerpo que aturde es fragmento de espejo.
[...]
Y a ti,
con qué uncial te pronuncia si tu nombre lo escriben
los miembros más audaces del bullicio,
si he leído
que tu delta mayúscula es más grande
que nuestro corazón.
                      En sus sedes están
previstas mis ofrendas de treinta y siete grados,
las dosis muy humildes de la sal y del agua
preparadas, en un guarismo par.
Preparada la ofrenda seminal, preparada. (2010: 106)

Sin poder adentrarnos demasiado en el análisis del poema
ni en la narración del mito, salta a la vista que el poema es una
celebración de la Belleza dispersa por el mundo, como fragmentos de un espejo que repondrán, cuando se junten, la imagen del
dios que en él se miró y que más tarde fue desmembrado. Cada
cuerpo es un fragmento del espejo de Dionisio, refleja la belleza
del dios, y por eso la plenitud del mundo se siente en esos trozos
que se ofrecen al tacto, a la vista, al oído.

Si esto es así, sobre la poesía de González Iglesias se descarga
la pregunta ética con que la filósofa Martha Nussbaum interroga
a la filosofía platónica del amor. Si todo forma parte de la belleza
del mundo, si cada cuerpo es un fragmento de belleza —una

gota en el océano de lo bello es la hermosa imagen que utiliza Nussbaum—, si en definitiva cada cuerpo vale lo mismo a la luz del *kalon* que en él habita, ¿qué valor tiene entonces la individualidad? ¿en qué lugar deja esto al otro en cuanto lo que el otro es de por sí, y no como pieza indiferente y sustituible de un absoluto? (Nussbaum, 1990: 116-120).

Por citar un poema más de *Esto es mi cuerpo*, en «Tú y yo/los otros», González Iglesias escribe:

> Dios está dentro y fuera de este cuerpo que amo.
> Es todo simultáneo. Mi sustancia es la tuya.
> Escúchame muñeca, escúchame muñeco,
> (copio esto de la radio, de un disc-jockey cualquiera,
> mas no por ello debes despreciarlo): *your sweetness*
> *is my weakness.* El mundo es hermoso y confuso [...] (2010: 76)

Concedamos la buscada frivolidad que el poema inteligentemente dispone al copiar de la radio las palabras de una canción de moda. Concedamos también el bienintencionado afán de trascendencia. Queda no obstante la punzada de una pregunta acerca del valor intrínseco, por sí mismo, del otro a quien se ama. ¿No descarta tal valor la indiferencia a la que ese «escúchame muñeca, escúchame muñeco» relega al objeto amoroso? ¿No se sacrifica tal valor en la «confusión» del mundo?

Por supuesto, de la dificultad que intento formular como pregunta es muy consciente el mismo González Iglesias. En un ensayo sobre el poeta de *Cántico* Pablo García Baena —quien en muchos puntos es afín a González Iglesias—, escribe el poeta salmantino: «Vicente Núñez me dijo una vez: "Los griegos no supieron lo que era el amor". Es duro oír eso. Sin embargo, es cierto. Tienen un vocabulario muy rico y varios términos para el amor, pero la traducción de eros no es "amor", sino "deseo"» (2014: 107). González Iglesias reconoce aquí un problema que atraviesa el *eros* clásico y que se concentra sobre el otro con quien se tiene, en definitiva, sexo. Ya hemos visto la pregunta que Nussbaum dirigía a Platón, pero no es menos punzante la que David Konstan arroja a la cultura erótica griega respecto a la muy distinta valoración social entre el papel del *erastes* y el *eroumenos*.[26] Estos he-

lenistas registran en sus disversos aspectos cierto olvido del otro
en la cultura clásica del *eros*. Cuando González Iglesias suscribe
el comentario de Vicente Núñez y acepta que *eros* no equivale a
amor, en el fondo reconoce este problema «ético» que involucra
de lleno al *eros* que, no olvidemos, se quiere proyectar sobre el
depauperado presente postmoderno.

III. LA ANSIEDAD DE LA METÁFORA

Hasta ahora, la investigación acerca de la recuperación del
eros grecorromano por parte de Luque y González Iglesias ha de-
tectado dos momentos de malestar. Una primera sensación de
malestar en estos poetas se percibe a la hora de pensar nuestro
modo de vivir el erotismo. A través del pensamiento de Onfray
se ha precisado que la causa de este malestar se debe, en parte,
a ciertas imposiciones ideológicas de la postmodernidad, como
puede ser la depauperación del cuerpo entendido como realidad
«esquizofrénica». Luque y González Iglesias pretendían del *eros*
clásico una mayor cercanía a la naturaleza y un mayor aliento
hímnico, incluso celebratorio de la plenitud y la totalidad del
cuerpo «en sí».[27]

La postmodernidad, que ha apostado por la ontología débil
y ha impugnado cualquier conato de metafísica de la presencia,
encuentra en estos poetas una resistencia que organiza el esplendor del cuerpo enamorado contra la nebulosidad del cuerpo

---

[26] Konstan argumenta que las virtudes del eros estaban reservadas para el
sujeto activo de la relación amorosa —emocional y sexualmente—; aquel que sin
embargo era objeto de ese deseo —también emocional y sexualmente— sufría,
en cambio, depreciación social (2002: 357).

[27] Alejandro Simón Partal afirma a este respecto en su tesis doctoral: «El
giro a una poesía que no transite por el lado salvaje de la vida, o que no lo haga
desde la apología trasnochada de las drogas duras, el whisky y las mujeres fatales,
ha dado un aire fresco al escenario poético, con Juan Antonio González Iglesias
como unos de sus últimos referentes», proclamando frente a una cultura del
pesimismo «el culto a la juventud, al riesgo, a la plenitud física y, en definitiva, a
la vitalidad y a la acción, a huir del olor a añejo, puro barato y coñac» (2015: 81).

esquizofrénico. El *eros* contribuye a recuperar experiencias de presencia acendrada en un cuerpo que la postmodernidad ha intentado fragmentar, debilitar y disipar. Sin embargo, el modo de recuperar el *eros* está también expuesto a ciertos peligros. En ciertas explicaciones teóricas y prácticas eróticas de Grecia, el otro, objeto de nuestro deseo, padece el riesgo de la denigración o de la irrelevancia. Al reactivar el *eros* helénico, Luque y González Iglesias arrastran con él los problemas éticos que la propia cultura griega supo detectar y combatir.[28]

Ahora bien, ambos poetas muestran conciencia de los peligros que he señalado y toman algunas precauciones, que se dirigen especialmente a controlar el poder de la metáfora. A través de la metáfora, el sujeto interviene en la experiencia de la realidad para transformarla. Bajo el poder de la metáfora algo puede pasar por otra cosa. Entonces se experimenta la espuma del gel como una inmersión en el agua seminal de Urano o se contempla al otro como el fragmento de un espejo cuya reposición completa el rostro de lo divino. Por eso, conviene terminar este estudio adentrándonos en un sentimiento que anuda las poéticas de Luque y González Iglesias: cierta ansiedad por la irrupción de la metáfora, solidaria en última instancia con otra ansiedad por un excesivo uso del suplemento cultural que intensifica la experiencia erótica.

A *Carpe noctem* pertenece el poema «El amor en los tiempos del SIDA». Este poema formula un deseo que parece contrario a otras expresiones de la autora. Pues, si la metáfora antes ha rendido espléndidamente en la erotización de la realidad, ahora la voz poética exhorta a abandonar este instrumento:

---

[28] Por supuesto, la cultura griega era consciente de estos problemas. Martha Nussbaum aprecia cómo Platón intentó corregir este «efecto perverso» de su descripción del *eros*. Así, por ejemplo, en *El banquete*, Sócrates se preocupa por la educación y la formación en las virtudes del *eroumenos* (2002: 60). Además, como refiere Konstan (2002), en el encuentro sexual se recomendaban ciertas posturas y prácticas para preservar la dignidad del *eroumenos*.

> Cuando desalojemos las metáforas,
> los bañadores viejos, la excesiva
> pantalla contra el sol, el excremento
> que deja la rutina y la humedad
> de palabras a medias,
> con vértigo de dioses atravesando el mar
> irás poema adentro, cuerpo adentro
> y habrá metamorfosis.
> Una noche
> de amor hace universo. (2021: 112)

El poema se juega en la eficacia del antagonismo que opone la metáfora al cuerpo, la palabra a la desnudez. La metáfora aparece aquí del lado de los bañadores, haciendo equipo con las pantallas y la rutina. En cambio, el amor se conquista con la desnudez. La desnudez de los cuerpos es el auténtico poema. La metáfora impide la presencia que exige el amor.

La ponderación negativa de la metáfora continúa en otro poema de *Carpe noctem*, «Síndrome de abstinencia», donde retoma la metáfora propuesta en «Gel» con intención de rechazarla —Grecia como una droga que intensifica lo real—. «Síndrome de abstinencia» cura la dependencia metafórica que padecía la protagonista de «Gel»: «No es tan tóxico ya: también caduca / el amor en la fecha señalada en su dorso. / Ya no es ese veneno / tan eficaz, ni acaso necesaria / la urgente sobredosis» (2021: 113). Aunque estos versos en realidad diluyen el amor, el desarme de *eros* depende en el poema de que la palabra haya perdido sus fascinaciones: «Regreso a las palabras y compruebo que nunca / se contagian o enferman con las fases / de mi intoxicación o mi delirio» (113). *Eros* ya no es tan potente porque el suplemento de la palabra ha perdido eficacia. Se ha abierto una distancia entre la carne y la palabra, la fantasía y lo real. La quiebra, por cierto, se manifiesta precisamente mediante una negación de la metáfora: el amor ya no es veneno. Cancelando esta identificación, Luque deshace la metáfora de la droga y así desposee al lenguaje de su privilegio. Se trata de un momento inverso a la celebración del suplemento que encontrábamos, por ejemplo, en un poema como «Del descifrar» —de *Problemas de doblaje*— donde la palabra

propone aventuras de placer —«Fluir en la corriente sagrada de
los versos / de una noche a otra noche / y ser atropellada, ser
mordida / por la negra belleza que estalla en las palabras» (2021:
81)— y la escritura equivale al erotismo: «carne que se entrevie-
se / —erótico fulgor rosado y denso— / bajo el encaje oscuro del
poema» (81).

A lo largo de *Carpe noctem* puede seguirse este proceso mediante el que la fuerza de la palabra se corrompe y la metáfora se
desencanta. «Lenguaje provisional» continúa esta tendencia. En
una primera lectura podría parecer que este texto recupera la
confianza en el poder del lenguaje. A una interpretación así podría llevarnos la primera estrofa, que intenta describir la palabra
como un organismo vivo:

> Palabras que la noche regenera o destruye,
> palabras que friccionan entre sí con la blanda
> ferocidad de tríbades, palabras desgarrando mutuamente
> sus límites, su piel más sabia y rota,
> las palabras más solas, los colores no ungidos,
> una metamorfosis inmediata
> de palabras en tacto y en huida,
> en anuncio de vértigo, en alas desplegadas
> de duras gaviotas, palabras que se enrosquen
> con fulgor de serpientes soberanas
> al eje del deseo. (2021: 131)

Esta podría ser una descripción del lenguaje poético: un intento de hacer del lenguaje naturaleza, un enroscarse del lenguaje «al eje del deseo» en una ardorosa cercanía. Sin embargo,
el final del poema deshace esta lectura. El final del poema invita,
por el contrario, a considerar la transformación de la palabra
en tacto como una ficción que se pronuncia solo en la soledad,
como un suplemento —en este caso inservible— de la presencia:
«Disolución de mitos, / hondura efervescente que comparte el
poema / con los labios vacíos» (131). La agitación, el deseo que
mueve a las palabras, constituye un mito a punto de diluirse porque lo pronuncia un labio vacío. Al encerrar tal descripción de la
palabra en lo mitológico, Luque consigna su suspicacia hacia el
lenguaje como un suplemento del *eros*. Por otra parte, marca su

alejamiento de la cultura clásica señalando la caducidad de sus mitos y aplicándola al ensueño de una erótica del lenguaje. El último verso suspende así la metaforología que desarrollaba el poema y que situaba al lenguaje del lado del deseo y de lo natural.

El último poema de *Carpe noctem* que quiero citar se titula programáticamente «Poética». En él coinciden de nuevo el desprestigio del amor —«Inservible el amor: / ése es el tema», llega a escribir Luque— con el desprendimiento del suplemento de la palabra:

> Desherédame, lengua. No te sirvo.
> No acudo a las palabras limpiamente.
> Sólo acaricio aquellas que me queman
> y que saben a labios o a odisea.
> Sólo quiero adular a la familia
> de las palabras muertas del amor.
> Será inútil seguir.
> Queda solo un pronombre. (2021: 132)

Ciertamente, la estrofa registra la educación sentimental de la poeta, atraída por aquellas palabras prestigiadas por la tradición grecolatina. Esto no constituye el encomio a un léxico con sabor «a labios o a odisea», pues el adjetivo con que Luque acompaña a las palabras finiquita la vigencia de esta «familia» verbal. «Muertas» pesa sobre «palabras» y sobre «amor», y, colocado en el centro del verso, el adjetivo hunde ambos elementos, arrastrando al lenguaje y al deseo a su fosa. Paradójicamente, la «poética» de Luque consigna su propio final, proclamando la inutilidad de la empresa. No podemos erguir incansablemente palabras «muertas» y más aún cuando ya se ha declarado que, en este «fin de milenio» mencionado por el poema, el amor resulta «inservible». Con el amor se derruye su lenguaje, el lenguaje del suplemento, el léxico que se experimenta como carnalidad y vivencia erótica. Queda, por el contrario, lo opuesto a la metáfora: el pronombre. Si la metáfora ensancha lo real y desglosa sus posibilidades, el pronombre lo inmoviliza, lo atrapa con la sencillez de un gesto que simplemente señala. La metáfora como el amor es inservible y resta por el contrario indicar lo real, mostrarlo sin la intensidad ni la levadura de la metáfora.

Aunque la crítica, como he sugerido a lo largo de este comentario, haya incidido una y otra vez en la poética «solar» de Luque, *Carpe noctem* apunta sin embargo a una dirección más nocturna, que no se agota en este poemario. Esta dirección conforma la otra cara de una escritura que, sí, celebra el deseo, pero también, como la lírica griega, lo padece, lo previene e incluso lo evita. Existe, por tanto, un doble movimiento en la escritura de Aurora Luque, que no podemos reducir a la «solaridad». Por el contrario, y porque el deseo es también una empresa llena de peligros, Luque cultiva también una poesía que recela del lenguaje, de la fantasía y, en definitiva, del amor, hijo al fin y al cabo de Poros y Penía.

La desvalorización del deseo se traslada de *Carpe noctem* a *La siesta de Epicuro*. En «Erinias», el sujeto poético se muestra como una de las sufrientes amantes de la elegía grecolatina. Los deseos se equiparan en esta composición a las Erinias, esas deidades que se pasaban la eternidad persiguiendo y atormentando a desdichados. En este caso, la metáfora, que acompaña siempre al deseo, también atraviesa una especie de hipertrofia que acompaña la punzada incesante del *eros*: «Metástasis inmensas / desfiguran el cuerpo de la noche» (2021: 190). Luego, en el poema «La serpiente que ulcera a Filoctetes», el deseo sufre otra caracterización peyorativa: «Las serpientes azules, delicadas / horadan nuestra piel; / a esa viscosidad llamaron eros» (191). La actitud del sujeto poético se acerca aquí a la de Epicuro, quien recomienda firmemente no enredarse en aventuras sexuales.[29]

---

[29] Epicuro desaconseja el *eros* en beneficio de la eudaimonía. Escribe el filósofo: «Acabo de enterarme de que tus excitaciones carnales se hallan demasiado propensas a las relaciones sexuales. Tú siempre y cuando no quebrantes las leyes ni trastornes la solidez de las buenas costumbres ni molestes al prójimo ni destroces tu cuerpo ni malgastes tus fuerzas, haz uso como gustes de tus preferencias. Pero la verdad es que es imposible no ser cogido al menos por uno de estos inconvenientes, el que sea» (2012: 103). No en vano, en un ensayo sobre el *eros* griego, Luque advierte: «Pero es forzoso resaltar, antes que nada, el carácter negativo y temible que revistió para los griegos en toda época la pasión amorosa. Eros podía manifestarse de manera arrolladora y destructiva, y el

Insisto una vez más en la vinculación que ata al *eros* con el lenguaje metafórico. En «La serpiente que ulcera a Filoctetes», Luque señala esa conexión mediante un verbo: «llamaron». En pretérito, Luque captura el gesto de un bautismo que sucedió hace épocas, cuando los griegos decidieron llamar *eros* a la «viscosidad», la horadación, la úlcera. *Eros* significaba tormento, padecimiento y lo fue, sobre todo, por una decisión metafórica, parece indicar el poema: llamaron A por B, la serpiente por Eros. Un acto de lenguaje metafórico clavó el deseo sobre la laceración y la laceración sobre el deseo. Escribir ese acto en pretérito puede ser la forma de marcar una distancia, de poner a salvo un presente respecto a las metáforas del pasado que como Erinias nos persiguen. Por eso, Luque muestra en otro poema de *La siesta de Epicuro* cierta ansiedad por la metáfora, cierto miedo a que las palabras, con sus transformaciones y sus prestigios, transformen el sentimiento en *eros*, con sus virtudes, sí, pero también con sus tormentos. Lo hace en el tono desenfadado de «La impresora»:

> Que no salga de mí a mis documentos
> mi deseo por ti. [...]
> Quédate por detrás de las palabras.
> Espérame del lado
> de la vida confusa, informulada,
> aún sin formatear. (2021: 192)

Igual sentimiento resuena en «Las dudas de Eros»:

> No quiero más palabras para eros.
> Dejarlo mudo: no crezca su lengua.
> No les des más palabras.
> Si lo metes en cartas, en versos o en susurros
> de alta noche,
> lo desangras,
> lo pudres, lo embalsamas. (2021: 177)

---

mortal afectado lo veía venir como un castigo ante el cual sentía la mayor de las impotencias» (2008: 140).

Ambos poemas recomiendan, en primer lugar, precaución contra el lenguaje. En estos textos, el *eros* más sano ya no desata la intensidad de la fantasía ni requiere del suplemento de la metáfora. Por el contrario, *eros* queda del otro lado del lenguaje, como si la palabra abriese una brecha entre lo natural y lo histórico, lo puro y lo cultural. La ansiedad por las palabras acompaña inevitablemente la prevención contra los peligros de la cultura, que, recuperando las metáforas de ambos poemas, formatea y embalsama al *eros*.[30]

Por tanto, tocamos de nuevo la aporía en el nivel más profundo de esta lírica, que quiere para sí la intensidad del *eros* grecolatino pero que a un mismo tiempo se previene de ella, que anhela el suplemento de la metáfora y al mismo tiempo ansía un deseo lo más natural posible. Esta aporía replica a nivel personal las aporías de una época que cultiva el «cuerpo esquizofrénico» y, al mismo tiempo, se fatiga de *eros*. Esta aporía que agita la poesía de Luque traduce en el fondo el hedonismo que la cultura postmoderna persigue —elevando el *eros* a un absoluto ante cuyas leyes debemos responder—, un hedonismo que ha blanqueado quizás los lados más oscuros del *eros*, los tormentos que vienen junto a él y que quedan atestiguados en la poesía mélica y elegíaca de la Antigüedad.

Cuando Guillermo Carnero escribió el prólogo a *Del lado del amor*, diagnosticó una aporía similar en el seno de la obra poética de González Iglesias. Afirma el poeta novísimo en su prólogo. «El objeto del deseo, parece decirnos el autor, se cumple plenamente en lo físico, mientras la mirada deseante debe su acuidad a una irrenunciable y perpetua densidad cultural» (2010: 11-12). El comentario de Carnero nos invita a trasladar, para finalizar este capítulo, los malestares identificados en la poesía de Luque a la de González Iglesias. En este sentido, la pugna que sitúa Car-

---

[30] Recupero en este contexto una cita de Luque que manifiesta este complejo sentimiento: «El poeta ha de ser crítico con la construcción de la Historia y lo histórico en todo lo que suponga un conato de secuestro de su presente, en todo proyecto hipócrita que suponga un aplazamiento del ser. La sociedad paraliza, entorpece y desactiva los discursos individuales» (2006: 20).

nero dentro de la escritura de González Iglesias es en realidad la
manifestación de un fenómeno mayor. La atracción hacia la pura
materialidad, hacia lo natural y lo animal rastreable en la obra
del poeta salmantino acompaña en realidad a una precaución
contra la cultura en general y contra el lenguaje en particular.
Así, la escritura de González Iglesias asume una forma bifronte:
mientras algunos momentos enriquecen el *eros* con la palabra, la
fantasía y la cultura clásica, otros recelan de ese suplemento.

González Iglesias ha dado una muestra de esto último en
«Síndrome de la Fnac». El poeta convierte en enfermedad cierto malestar que se siente ante la acumulación de libros y otros
objetos de consumo cultural asequibles en la conocida cadena
comercial. La primera parte de «Síndrome de la Fnac» se dedica
a observar la sintomatología de dicha dolencia. Ofrezco la descripción en palabras del propio autor:

> Vértigo de los libros, combinado
> de agorafobia y claustrofobia, que
> —por visión simultánea de tantos universos
> históricos o íntimos, provisionalmente comprimidos
> y a punto de estallar hacia otro caos—
> se da en algunas macrolibrerías,
> bibliotecas y ferias. Solamente
> afecta a los amantes de los libros.
> Demuestra un poso de misantropía.
> Es dolencia reciente, vinculada
> al exceso de gris en la escritura. (2010: 124)

La segunda parte del poema prescribe una cura para este
mal que asalta al letraherido que se adentra en esas galaxias —ra-
cimos de universos literarios—. El paciente que sufre el síndrome
de la Fnac puede curarse el poso gris de la cultura con el ejercicio
y los baños en termas modernas:

> Mientras me desnudaba, recobré
> gradualmente, igual que en un tratado
> breve y antiguo, la serenidad.
> Era otra vez mi piel, límite único
> y simple con el mundo, mi memoria
> de animal que camina, mi pureza.

Era otra vez un hombre, este proyecto
verdadero que nunca estará escrito.

El vestuario bullía de cuerpos poderosos. (2010: 125)

El poema enreda en conflicto frontal el exceso de cultura y la simplicidad animal del cuerpo, optando por la serenidad de la piel desnuda que nos conectaría inmediatamente con el mundo. La lógica del texto propone un sistema de valoración donde el cuerpo, el ejercicio y la desnudez sanan mientras que la cultura enturbia, aliena, enferma. A través del ejercicio y la ducha el enfermo de síndrome de la Fnac cura su misantropía y se reintegra en la masa de los cuerpos poderosos, en la pureza del animal. Regresa a su piel, afirma el poema.

En el epígrafe anterior he señalado la tendencia de la poesía de González Iglesias a buscar una conexión con el Todo. Según leíamos en los versos de «El *California Centre for the Arts*», la mejor comunicación con el Todo transitaba por las vías del cuerpo. De manera que los valores de lo elemental, lo animal y lo natural quedan ensalzados en esta regresión del fragmento al Todo del que se desgajó. La belleza natural, desnuda, cumple la función de remisión y de reintegración con el cosmos. De este ideario se saca, por tanto, la ponderación positiva de todas aquellas categorías tradicionalmente asociadas a la naturaleza, lo que tiene por correlato la devaluación de las categorías culturales. El verso, la palabra, debe ajustarse y aproximarse a la Naturaleza o, directamente, enmudecer para dar paso a formas de comunicación más eficaces.

No extraña encontrar en esta producción poética desacoplamientos entre la felicidad del amor y la mediación del lenguaje. Leemos: «Sé que los iletrados y los tímidos / conocen la verdad. Pierdo mi tiempo / dejando este reguero / largo de sílabas [...] (2010: 66). «Iletrados» son también los «inmortales» en «Creo que no había ironía»: «Los inmortales van en un descapo-/ table. Su cuerpo tiene investidura / de belleza. No emiten discurso» (102). Por seguir con *Esto es mi cuerpo,* el tema se desarrolla en «Cortito maltés», que narra el encuentro erótico con un joven que, como se espera del título, se parecía al personaje epónimo.

El poema emprende una écfrasis breve —que imita la écfrasis típica de la elegía latina—, pero es al final cuando se produce el divorcio que nos interesa, el desajuste entre lenguaje y sexo:

> Voy a morder su cuello y a vencerlo.
> Se queda pensativo,
> está a menos de un metro.
> Entre la base de sus dedos toscos
> aguanta el cigarrillo.
> El poema es tan cierto e inocente
> como nosotros dos.
> Parece que hemos hecho la promesa
> de no volver a abrir la boca, salvo
> para exhalar deseo. Agarro
> su mandíbula trunca
> y respiro su piel. No tengo nada
> más que decir. (2010: 119)

Las conclusiones que podemos sacar de este texto son más o menos claras. La palabra no debe estorbar el deseo. No debe colocarse el discurso en medio de dos que se aman. La boca solo debe pronunciar un lenguaje más primitivo, hecho de exhalaciones, de gemidos. Unos versos de «No me interesa la tradición débil» —perteneciente a *Un ángulo me basta* e invectiva contra la ontología «débil» de la postmodernidad— dicen: «Ya sólo me interesa / ser igual que Walt Whitman, puro protoplasma literario / un organismo que se comunica / de manera directa con el mundo. / Me interesan tus piernas, tu cintura [...]» (2010: 157). El poema debe acercarse a lo que podría denominarse una escritura cero, limitarse a la precisión y a la inocencia, describir lo que sucede como sucede en el texto. La escritura debe afiligranarse para ser fiel a la desnuda simplicidad del deseo.

Por supuesto, la querencia por la precisión y la sencillez excluye la metáfora, y esto puede explicar el cambio estilístico en la escritura poética del autor, desde la suntuosidad léxica y gongorina de *La hermosura del héroe* hacia la claridad y concisión epigramáticas de su producción posterior. Según se intelige del ideario expuesto, el poema que indica y describe no requiere de desviación ni fantasía. El primer fragmento de «Momentos de una profecía» no podría ser más explícito:

> En este umbral que beso dejara las metáforas
> que vienen como sangre furiosa hasta mis labios
> cuando estoy ante ti, y bastara una sola
> declaración de sueños, para cumplir los sueños.
> Fuera el amor no más que asentir a la cifra
> verdadera e idéntica que guardan nuestros torsos. (2010: 109)

Así, González Iglesias divide las posibilidades del lenguaje y escoge para sí la parte contraria a la metáfora. Esta parte comprende una relación con la presencia más directa: enunciar un sueño desata su cumplimiento, hablar es simplemente afirmar la cifra que reúne en sí misma a la pareja de amantes. Se trata de un lenguaje que se quiere lo más próximo a la realidad, en contacto directo con ella. Este lenguaje excluye la significación —y entonces, como diría Roland Barthes, conquista su «efecto de realidad»—[31]: es puro acto. La metáfora, en cambio, depende de la significación, es decir, de la sustitución de una cosa por otra que la representa. No podría quedar más claro el esquema: la presencia por encima de la representación.

Tal lectura se confirma en «A ti que llegas ahora a este poema»: «Aquí el cielo es tangible. No hay metáfora. / La cúpula sencilla del iglú. / Nosotros dos y el fuego» (2010: 128). El poema quiere ser pura presencia, *estancia*. Giorgio Agamben aplica este último término a la poesía que, lejos de representar, quiere ser ella misma el punto donde los amantes se encuentran: «el signo poético aparece como el único asilo ofrecido al cumplimiento del amor y el deseo amoroso como el fundamento y el sentido de la poesía» (2016: 220). El filósofo italiano asevera además que este deseo excluye los modos de significación propias de lo metafórico. Las «estancias» poéticas se sitúan en un dominio del

---

[31] Los ensayos donde Roland Barthes desarrolla su teoría del efecto de realidad son «El discurso de la historia» y «El efecto de realidad», ambos incluidos en *El susurro del lenguaje*.

que están desterradas las distinciones que produce la metáfora y, en última instancia, el proceso del significar mismo, ya que la disyunción metafórica entre los objetos que se comparan «es una dislocación de la estructuración metafísica del significar», es decir, «la recíproca exclusión del significante y el significado en la que emerge a la luz la diferencia original sobre la que se funda todo significar» (Agamben, 2016: 251). El poema de González Iglesias trata, en resumen, de superar la significación para ser él mismo realidad, espacio, «la habitación oscura / de los adolescentes» (2010: 128). O, como dicen otros versos de «Poema es un metro cúbico de universo», el poema no representa ni significa ningún mundo; *es* un mundo:

> Poema es un metro cúbico de universo.
> Poeta es un metro cúbico de universo.
> Persona es un metro cúbico de universo.
> Cuerpo es un metro cúbico de universo.
> Alma es un metro cúbico de universo.
> Y misteriosamente, tú y yo cuando follamos
> sumamos un metro cúbico de universo. (2010: 190)

Termino este repaso de momentos en los que González Iglesias destina su poema a formar parte de la naturaleza con una mención inevitable al poema que cierra su segundo poemario, *Esto es mi cuerpo*, titulado epónimamente.

Comienza de una manera inequívoca, postulando la completa coincidencia entre amor y palabra: «Esto es mi cuerpo. Aquí / coinciden el lenguaje y el amor» (135). El cuerpo se identifica con el tejido entrelazado de los versos: «La suma de las líneas / que he escrito ha dibujado / no mi rostro, sino algo más humilde: / mi cuerpo. Esto que tocas es mi cuerpo» (135). Porque el poema es cuerpo, el acto de escritura se transforma en entrega imbuida de sexualidad: «Soy yo, porque no hay / ni una sola sílaba que esté libre de amor, / no hay ni una sola sílaba / que no sea un centímetro / cuadrado de mi piel. / En el poema soy acariciable» (135). Se ha consumado el milagro eucarístico que hace de la especie verbal consagrada el cuerpo verdadero. González Iglesias concentra para su poema las energías sacramentales que unen el poema al cuerpo, es más, que convierten al poema en el espacio de la revelación del cuerpo.

Todo desemboca naturalmente en la teoría eucarística de la poesía que anuncia el título del poemario. González Iglesias empuja sus poemas al punto de máxima cercanía entre palabra y cuerpo, lenguaje y carne. Para eso, a veces ha sentido que debía prescindir de otras funciones del lenguaje e incluso de otros dispositivos culturales. La tendencia de su poesía ha sido la de desnudarse, la de hacer de la palabra un elemento físico y reducir su porcentaje de negatividad o de ficción. De hecho, muchos poemas de González Iglesias abandonan la superabundancia metafórica de *La hermosura del héroe* para adoptar una dicción más mesurada, más descriptiva y menos imaginativa. González Iglesias la hubiese llamado una dicción «serena». Este cambio estilístico tan notable responde a una decisión estética: sitúa su poesía amorosa del lado de la presencia. Su poesía se presta a pensarse bajo categorías estéticas como la de «estancias» de Agamben o, en un espectro filosófico que va de la estética a la hermenéutica, como un «símbolo», que en *La actualidad de lo bello* Gadamer distingue tajantemente de la representación. La representación no implica una verdadera presencia. En cambio, el símbolo no representa, sino que presenta, hace aparecer, lleva a la revelación. La diferencia que propone, aclara el filósofo, se asemeja a la distancia que va de la eucaristía luterana a la católica. En el credo católico, que es el que afirma González Iglesias, el sacramento es Cristo, mientras que en el credo luterano la Hostia simplemente representa a Cristo. Esta distinción filosófica se aplica de lleno a la poesía de González Iglesias, que quiere superar la representación para hacerse presencia.

Solo así se explica en definitiva el deseo de dejar fuera a la metáfora, la ansiedad que la metáfora genera en esta poesía. La metáfora introduce un régimen semiótico que diluye la presencia, que convierte al símbolo en mero significante. En el reino de la metáfora, algo aparece en el lugar de otra cosa, que se hurta a la presencia. Esto es propiamente significar: el nombre está por la cosa. Pero la poesía erótica de González Iglesias quiere superar este modo de significación para remitir la poesía a lo eucarístico, a lo sacramental. El poema no está por el poeta. El poema es el poeta. Tal es la diferencia. Esta fe solo se consigue si olvidamos que el régimen de los signos, lejos de ser binario, es, en realidad, triádico. En los signos no solo están el significante y el referente, sino también el significado, que reintroduce la ficción, la fantasía, la alteridad, la negatividad en definitiva, en la sincronía de la presencia. El olvido del significado es lo que permite al poema surtir su «efecto de realidad». No cabe duda de que González Iglesias esgrime una estética eucarística para combatir el maleficio postmoderno de la diferancia infinita del lenguaje.

Al final de este análisis, alcanzamos por tanto el nivel donde se articulan el fuerte rechazo de la metáfora y la urgencia de recuperar el cuerpo pleno a través de una redefinición clásica de nuestro *eros*. La experiencia erótica en el capitalismo avanzado —y en la postmodernidad como su correlato cultural— se puede pensar como una crisis de la significación, ya que ningún cuerpo significa un otro de por sí. Todo cuerpo es así abstraído de su valor para subsumirse en mercancía, para poder intercambiarse libremente en el mercado hedonista. Contra un régimen metafórico que toma el cuerpo del otro por otra cosa, que espectraliza el cuerpo del otro para que nada interrumpa la remisión del placer al yo, Luque y González Iglesias se plantean en lo más hondo de sus poéticas expulsar la metáfora y la sustitución, optando por un rearme de la presencia en el *eros*. El *eros* de Luque y González Iglesias se propone así superar la abstracción erótica del presente mediante la experiencia limpia, inmediata y pura del cuerpo que en el amor se ofrece.

En algunas «figuras» del *eros* presentadas en la poesía de Luque y González Iglesias, el suplemento del lenguaje y la cultura que a él va asociada se percibe como una mediación molesta. Esta poesía pondera entonces negativamente el lenguaje y aspira a un *eros* prístino, puro, desnudo, in-mediato, que no haya sido secuestrado, formateado o capturado por la excesiva inteligencia o los aparatos socioculturales. Ante esta tendencia, la pregunta que surge es si tal estado erótico no activa en el fondo la fábula nostálgica de la edad dorada, en la que cuerpo y placer escapan a los dispositivos de la sexualidad con los que los poderes sociales capturan la sexualidad.

Paradójicamente, la búsqueda de la presencia nos desemboca en una idea del *eros* como absoluto pre-cultural y pre-social, una fuerza de nuevo abstracta de proporciones cósmicas a la que Luque y González Iglesias en algún momento desean regresar. Ahora bien, este deseo está sujeto al proceso cognitivo de la «borradura», del olvido del significado: el sueño de la presencia plena depende de una división artificial entre presencia y significación que más tarde fue borrada, elidida para sostener precisamente la ficción de la Edad de Oro.[32] *Eros* y metáfora conectan en este último punto: el eros anhela la presencia y para ello debe borrar toda mediación, y ahí va incluida la remisión lingüística propia de la metáfora. *Eros* debe acabar con la metáfora que lo captura.

Pero el caso es que amamos culturalmente. Como Malinowski reprocharía a Freud, no podemos ignorar la «plasticidad de nuestros instintos», el hecho de que nuestros instintos siempre se nos presentan ya mediados por las instituciones y su cultura, el hecho de que no podemos contemplar entre nuestras manos la pepita de ningún instinto puro (2013: 170). Esto lo saben perfectamente Aurora Luque y Juan Antonio González Iglesias. Luque, lectora de Onfray, es consciente de que «el eros actúa como antídoto de la sexualidad definida por su naturaleza bestial [...] [en cambio] cuando se manifiesta en el artificio, recoge lo mejor de la civilización que lo produce» (Onfray, 2008: 119-120). El poeta salmantino, por su parte, es traductor de Ovidio, quien escribió un arte de amar que no en vano empieza: «Si entre el público alguno no conoce / el arte de amar, lea este poema / y tras leer el poema, ame instruido» (2000: 367). De hecho, en el primer y segundo epígrafes de la sección anterior, vimos que la cultura, la metáfora y el lenguaje eran eficaces suplementos que intensificaban la experiencia erótica.

Por eso, resulta aún más sintomáticos el olvido del «amor instruido» y la precaución contra la metáfora que leemos en estos autores. Creo que en este olvido hay que leer el malestar post-

---

[32] En *De la gramatología,* Derrida describe el proceso de la «borradura» y su importancia para la metafísica.

moderno, pues sintomatiza cierto cansancio 'de la diferancia y, en definitiva, un firme deseo de presencia. Nuestro deseo, pese a la quiebra de la metafísica de la presencia patrocinada por la postmodernidad, solo se satisface con la presencia robusta del otro. El deseo que incurre en la depreciación de la metáfora y en la fabulación cuasi imposible de un *eros* pre-cultural y natural sintomatiza este malestar. De ahí la contradicción a la que parecen sometidos estos proyectos poéticos que animan y a un mismo tiempo desactivan el suplemento cultural del *eros*. Ahora bien, de aquí también arranca un nuevo movimiento en nuestra reflexión sobre el *eros*. Porque es precisamente esta plasticidad cultural del instinto, este amor instruido en el arte y la *tecné*, el que nos ofrece una oportunidad para rearmar política y cívicamente al *eros*.

Capítulo 3
LA VIOLENCIA DE LA METÁFORA
Y LA NOSTALGIA DEL OTRO
(DESDE JESÚS AGUADO)

I. METÁFORAS DE SÍ MISMO

La crítica ha destacado quizá como característica esencial de la obra de Aguado una especie de cinética literaria que pone a los seres a orbitar por la periferia en vez de inmovilizarlos en el centro de sus esencias. Guía esta poesía un vector de transformación que moviliza el cuerpo, esquiva la rigidez de la representación y plasma con su dinamismo imaginativo las fuerzas que laten debajo de la máscara de las formas. La imaginación metafórica ofrece una tecnología existencial que Jesús Aguado ha practicado en primer lugar sobre sí mismo, lo que ha dado lugar a una amplia obra poética que frecuenta diversos registros, voces y dispositivos. Juan Bonilla ha sabido apresar este rasgo en su retrato del autor: «Ha hecho de su propia vida un acto continuamente poético». Y continúa: «Dotado de una infalible capacidad para la imagen y un excepcional gusto por el juego y la experimentación, sin conformarse nunca con lo ya logrado, ha entendido que ser uno mismo es cosa al alcance de todos, el grado cero de la existencia, y ha sabido ser otros para ser más» (2012: 10)

La descripción de Juan Bonilla se apoya sobre declaraciones y reflexiones que Aguado ha esparcido por distintos textos y poéticas. *Heridas que se curan solas* es un libro donde el autor reúne —junto a algunos aforismos y textos cortos inéditos— pensamientos que aparecieron con anterioridad en otras publicaciones. Sirve, por tanto, de poética, fragmentaria pero representativa, que nos introduce a su universo lírico. En el libro leemos aseveraciones foucaultianas: «Dejarse definir por los discursos sobre la realidad (tú eres tal, tu nombre es tal, tu tarea en la sociedad es tal, los instrumentos y los requisitos para realizar esta tarea son tales, etcétera) es lo que normalmente entendemos por vida. La poesía nos enseña el camino para deshacer los lazos anudados por estas definiciones» (2020: 106). El escritor imagina la poesía como un campo abierto o, mejor, un bosque frondoso, donde puede correr y esconderse el hombre Jesús Aguado, recién fugado de los discursos de la realidad o de «la red de definiciones» con que las prácticas discursivas nos dan caza.

Esta visión de la poesía invoca una metafísica sin metafísica, en la que gana quien es más ligero y liviano, o quien es menos —este es el reverso del sentido de las palabras de Juan Bonilla—: «Preferir la invisibilidad a la presencia (ese totalitarismo del ser)» (2020: 11) y «hay que tener cierta vocación de pobreza (de nadificación, como diría un místico)» (107). Para una huida exitosa de las definiciones, conviene al fugitivo la habilidad de reducirse para esconderse debajo de una piedra o entre los pliegues de la corteza de un árbol, y le beneficiaría indudablemente la capacidad de metamorfosearse con la magia de la palabra: «La poesía más que nunca: […] para hacernos rama, araña, barro, avispas, para devolvernos el mundo y hacerlo palabra en nuestra boca» (2020: 100). Como diría Keats, el poeta goza de un modo de ser negativo, camaleónico, huidizo.

Los aforismos que he ido hilando para bosquejar la poética de Aguado acrisolan en uno de los pasajes más citados de sus reflexiones teóricas: «La labor de un poeta […] es buscar el afuera, aprender (y enseñar) a escaparse de las diferentes cárceles que el Yo (y sus múltiples asociados institucionales […]) alza para controlarle a uno y que, en el caso de un poeta, se solidifica en forma de libro o poética o pertenencia a uno de los cánones en lucha de su tiempo» (2011: 560). Así, Aguado presenta una poética comprometida con la empresa filosófica postmoderna y postula, al igual que esta, los beneficios de una ontología fluida y debilitada que sacrifica la seguridad y el consuelo de la esencia en beneficio de la libertad del devenir. De hecho, la huida del poeta y su transformación en «rama, araña, barro, avispas» involucra en su proyecto la metáfora de la misma manera en la que Gianni Vattimo rescata la metaforología nietzscheana y la aplica al contexto postmoderno. La metáfora poética ofrece una herramienta aplicable sobre uno mismo para sobreponerse a la caída en la ilusión de la individualidad. Vattimo propone introducir las constantes remisiones de un objeto a otro a la semiosis de la propia subjetividad: como una metáfora, un yo siempre significa otra cosa distinta de sí misma y, por ello, un yo es siempre susceptible de ser definido mediante la mención a otra cosa que sí mismo. En definitiva, la metáfora remite el yo a su falta de fundamentación, a su débil ontología, de la que nace la oportunidad de darse a sí mismo un horizonte y un ser nuevos, aunque sean un horizonte y un ser puramente lingüísticos (Vattimo, 1992: 68-70).

Sin embargo, toda esta concordancia en la idea de la fluidez, asumida por la mayor parte de la crítica que escribe sobre Aguado, resulta bastante sospechosa, pues resuelve de un único y sencillo trazo una labor poética de años. Basta escarbar la superficie para enseguida darse cuenta de que este proyecto poético está atravesado de tensiones, oposiciones e incluso resistencias internas. Por rescatar la estética de Nietzsche, podríamos decir que, junto a estas declaraciones que asumen y promueven dionisíacamente el devenir, se encuentran en la prosa de Jesús Aguado manifestaciones profundamente apolíneas. En ellas, la poesía no moviliza y *liquida* el ser, sino que —con el Hölderlin de Heidegger al fondo— lo instaura y lo centraliza: «La poesía es el fundamento de las cosas, el ser de las cosas, aquello gracias a lo cual las cosas, hasta la más minúscula, encuentra un lugar donde reposar. Este lugar donde reposar se llama lenguaje» (Aguado, 2020: 104). Nada tendría de apolíneo esta cita si defendiera, a la manera de Vattimo, una forma de ser desalojada y débil que consiste únicamente en un postularse lingüístico, pero otras declaraciones invitan a leerla de una manera mucho menos «postmoderna»: «Gracias al lenguaje poético las cosas frenan un instante que parece eterno su devenir y se instalan entre nosotros» (104). Esto afecta igualmente al sujeto, y no solo a las cosas, pues en otro aforismo leemos que la poesía afirma el alma: «La poesía es no permitir que nuestra alma (y tampoco el alma del mundo) se evapore» (114). O más evidentemente incluso: «Cualquier poema no es más que eso: una brújula en el bolsillo, un mínimo instrumento de precisión que dota de objetividad y universalidad a ese conjunto de subjetividades desordenadas que somos los seres humanos» (70).

En el contexto de estas afirmaciones, la metamorfosis —que opera la metáfora a nivel lingüístico y retórico— no siempre es considerada instrumento de salvación para el héroe fugitivo. Aunque «la metáfora, el transporte de la cosa a la no-cosa, del es al no-es, sostiene el mundo» (Aguado, 2010: 165), a veces el proceso metafórico entraña riesgo y violencia: «La naturaleza está compuesta de sustantivos y adjetivos; no de verbos, adverbios, artículos, preposiciones: los cómplices de crear conexiones, de abrir líneas de investigación, de poner en marcha las cosas para que se fuguen de sí mismas» (2020: 56). Aquí se expresa una duda, una tensión y un malestar de la metáfora que choca con las anteriores celebraciones del devenir. Si indagamos en estas resistencias y oposiciones internas que se transfieren de la prosa a la poesía de Aguado, pronto descubriremos su naturaleza de síntomas de un malestar postmoderno provocado por nuestra contemporánea conceptualización del deseo.

II. AMORES IMPOSIBLES

Es hora de conducir este capítulo hacia su preocupación fundamental, que se pregunta por cierto malestar en nuestra cultura erótica y que poéticamente puede palparse al investigar los usos y los efectos de la metáfora. Aguado la define como «el transporte de la cosa a la no-cosa, del es al no-es» (2010: 165), afirmación que debe leerse en el contexto de la problemática existencial desarrollada más arriba. Es significativo que esta figura retórica reciba en su obra una definición que en otro lugar se le asigna al deseo. Como la metáfora, el deseo dinamiza la ontología, pues «nos transforma en transbordadores de nosotros mismos, transportándonos de una ribera a la otra ribera de lo que somosnosomos en un ir y venir incesante que raya en las aguas de nuestra verdadera historia» (2018: 159). Ambos, metáfora y deseo, están heridos de alteridad: anhelan lo otro de lo que uno es. Es de esperar, por tanto, que la aporía que tensa el pensamiento poético de Aguado queda expuesta y trabajada en la relación poética entre metáfora y deseo.

Aguado ha frecuentado en numerosas ocasiones la poesía amorosa. Poemas dedicados a este tema aparecen en libros como *Mi enemigo, Semillas para un cuerpo, Lo que dices de mí* o *Los amores imposibles*. En este último, que ganó el premio Hiperión en 1990, el amor protagoniza al menos una de las dos secciones, titulada cuasi homónimamente. Además, la metáfora acompaña al amor en su protagonismo y determina de manera significativa este conjunto de narraciones románticas. *Los amores imposibles* es, pues, un lugar interesante donde empezar la investigación.

La serie de poemas «Amores imposibles» se compone de textos escritos fundamentalmente en pasado. Narran por tanto historias de amor que acaban en despedida, sin continuidad en el presente, en las que uno de los dos al final desaparece de escena. Estos poemas se caracterizan además por otro atributo: en la personalidad mínimamente trazada de las amadas se proyectan los rasgos de otros seres. Los gestos y acciones de las amadas se comparan normalmente a un elemento, tan variados como un pastel o una anaconda. El desarrollo de esta metáfora estructura el despliegue del poema y, como estos poemas terminan siempre en una desaparición, no resulta descabellado pensar que la metáfora participa activamente en la fuga final de la amada. En la mayoría de los finales de estos poemas se observa una ligazón íntima entre metáfora y pérdida de la presencia, que condiciona, evidentemente, la escritura en pasado y en ausencia del otro. Aquí la metáfora suple el cuerpo, ocupa el lugar vacío que este deja. Imagen que la conciencia arranca al pasado gracias al tropo, la amada no comparece por sí misma, sino siempre bajo la apariencia con que la refigura la imaginación metafórica del sujeto poético.

«El hielo» servirá como ejemplo que ilustra mi hipótesis acerca de esta ligazón. En el caso de la composición, la presencia de la amada queda sepultada bajo el alud de metáforas convocadas para representar su frígida hermosura. A la amada se la compara

con la espada de un samurái —«Su hermosura tenía algo de la
altivez de un samurái: / era una religión y era una espada» (2011:
78)—; sus pómulos son tersos «como nieve sin hollar»; se habla
de «la luz boreal de su piel y sus ojos», y, por último, menciona
que «su frialdad se parecía más / a la del hielo sucio que queda
en las aceras / que a la de un helado de vainilla» (78). Cinco
elementos de un mismo campo afectivo se nombran para repre-
sentarla en el texto. Por supuesto, la representación procede de
la imaginación poética del autor y no supone la comparecencia
de una alteridad real que eleve el deseo a encuentro erótico. Es
decir, no hay encuentro erótico en el texto, sino la refiguración
tropológica de un recuerdo.[33]

De este mecanismo la mujer representada se muestra consciente, pues el abandono de estás prácticas tropológicas forma
parte de las exigencias para iniciar la aventura sexual: «[...] "Co-
nozco, por amigas comunes, / que escribes epigramas, cómo
hierve tu sangre y que roncas. ¿Serías / capaz de renunciar a
estas tres cosas para probar las aspas de mi lengua?"» (78). La
propuesta erótica de la mujer es exigente. El gozo sexual requiere cierta suspensión de la escritura personal, una ascesis cuyo fin
no es el silencio, sino probar la lengua/el lenguaje de otra persona.[34] Leído en el contexto de la sección del poemario a la que
pertenece la comparación, la amada exige deponer la escritura
poética que previamente ha transformado al resto de mujeres
—¿esas «amigas comunes»?— en meros signos de huida y ausencia. Contra la metaforización, el personaje femenino sugiere así
dejarla aparecer en el poema mismo sin cobertura epigramática,
compareciendo en toda su alteridad.

---

[33] Como ya se sabe, tal recuerdo no se ancla necesariamente en el mundo
histórico. Puede ser ficcional. No hablo aquí del carácter biográfico de *Los amores imposibles* sino del tipo de intencionalidad de la conciencia.

[34] En *El placer del texto*, Roland Barthes dictaminó que la erótica del texto
requería la muerte del autor (2007: 20). Como en la unión amorosa, donde el
sexo y la muerte por deslimitación son la misma acción, el placer sexual del texto
radica en que deslimita y abole las categorías gramaticales que designan el yo y
el tú, el autor y el lector (22).

Como se concluye de la imagen que cierra el parlamento de la mujer, al final del poema el yo reconoce que no pudo renunciar a la escritura y eso explica que todo el poema se halla escrito en pasado y en metáforas. Otra de las mujeres que conforman este friso de amores evaporados le reprocha al poeta la misma deficiencia amatoria. Confiesa el yo poético en «La locura»: «Al final concluyó que yo también la incomprendía / porque siempre la estaba midiendo con palabras [...] / no con mis manos y mi boca, no con mi piel, no con la sombra / de mis árboles, el mar de mis caricias ni mis gatos de niebla» (2011: 83). Ambos poemas llaman la atención sobre lo mismo: el gozo erótico se frustra porque la palabra interviene entre el yo y el otro, «midiéndolo» con palabras e imágenes que pertenecen a la imaginación exclusiva del uno. Bajo una óptica levinasiana, la representación tropológica del otro es casi lo contrario de su presencia, en la medida en que constituye el mecanismo de la mismidad para reducir la alteridad a lo Mismo (Levinas, 2016: 48).

En otro texto, «Viento de Levante», se produce una inversión que no compromete mi interpretación, sino que más bien la confirma. Aquí, la amada asume el discurso y metaforiza al poeta equiparándolo con el viento de Levante: «"El viento de Levante es un enterrador: / sepulta cuanto toca"» (2011: 86). La acusación es dura: critica la amada esa costumbre poética de sepultar cuanto se toca, de cubrir bajo espesores tropológicos la presencia deseada. Cuando el personaje femenino finalmente explicita la metáfora —«Hablo de ti, imbécil.»—, la mujer despide al poeta, que desaparece de escena. No casualmente, el libro acaba aquí, puesto el poeta en fuga por la violencia tropológica ejercida ahora sobre él.

Sobre estas cuestiones trabaja otro libro de Jesús Aguado, titulado significativamente *Lo que dices de mí*. Como una reacción contra el histórico privilegio de la escritura —que transforma al otro en proyección mía— *Lo que dices de mí* intenta cambiar la dirección de esa violencia. Esto se deja ver con claridad desde el primer poema del libro, que enuncia la paradójica posición de esta empresa poética. El poeta no va a decir de alguien; va a registrar el efecto de lo que alguien dice sobre el yo escribiente. La violencia cambia su curso y ahora quien escribe recibe en el poema el caudal metafórico que lo transforma: «Lo que dices de mí / es saliva y es tierra que amasas para darme / figura de caballo, figura de montículo / figura de lunar, figura de tu espalda» (2011: 319). En este punto, Aguado hace valer la coincidencia de sus definiciones de metáfora y de deseo: palabra y libido se solapan en el deslizamiento ontológico que moviliza al receptor. Aquí vale la ideación de la metáfora como un «diagrama» (Deleuze, 2009: 160) que transforma y confunde los límites de toda organización en pos de la «indiscernibilidad» entre individuos. Lo que representa el diagrama entonces no es un ser determinado —el yo poético Jesús Aguado—, ni siquiera su reificación en otra cosa, sino un acontecimiento que supone la realidad última de los seres que interactúan en él: «el pájaro es sustituido, no por otra forma, sino por relaciones totalmente diferentes que engendran el conjunto de una Figura como el análogo estético del pájaro [...] El diagrama ha actuado imponiendo una forma de indiscernibilidad o de indeterminación objetiva entre dos formas de las que una ya no estaba y la otra aún no» (Deleuze, 2009: 160). Los versos de Aguado no cifran la transmutación del receptor en una entidad fija, más bien ponen en escena la metáfora y el *eros* como fuerzas aliadas del devenir, esto es, como herramientas que realizan una ontología débil en litigio con la metafísica de la presencia y de la identidad.

Sin embargo, a pesar de invertir la dirección de ese vector de la metáfora del que habla Deleuze en su ensayo sobre Bacon, ese gesto no consigue culminar el encuentro erótico o satisfacer el gozo en el poema mismo. La poesía de Aguado muestra la misma duda ante el excesivo devenir que ya hemos visto en sus formulaciones más o menos teóricas. Por eso, *Lo que dices de mí* no se presenta como el poema definitivo sobre el amor, aquel que consigna en su misma textualidad un encuentro erótico. Por el contrario, el poemario se cierra más bien con una especie de insatisfacción, una espera del poema erótico por llegar:

> estábamos ahí
> detrás de los arbustos
> o tras el seto
> abrazados e inmóviles
> como raíz medicinal en manos de una enfermera
> a salvo de los perros de la casa
> esperando
> esperando
> esperando el poema. (2011: 357)

Los «amores imposibles» de *Lo que dices de mí* y *Los amores imposibles* lo son, por tanto, por una falla compartida: la esencial incomprensión con que nuestras palabras miden al otro. Nuestra representación del otro será, casi siempre, una imagen subjetiva, parecida pero diferente, una metáfora que, proyectada sobre otra subjetividad, puede llegar a opacar esa presencia ante nuestros sentidos. No importa en qué dirección se moviliza el vector del diagrama. Si ha de haber gozo erótico en el poema, reunión de dos en la estancia del lenguaje, se ha de estar precavido contra el poder de la metáfora, que, al convertir al tú en otra cosa, pospone su llegada en la diferencia inacabable del lenguaje.

Sobre esta dimensión ética de la metáfora, el propio Aguado ha reflexionado en *Benarés, India*: «Ni los barcos ni esos hombres esforzados, que parecen haber estado haciendo eso durante milenios (y quizá lo hayan estado haciendo) se merecían ser degradados a mero símbolo de otra cosa: son sobrecogedora y poderosamente lo que son, y con eso basta» (2018: 22). Así, la escritura debe ceder un espacio —una borradura del yo— para que el otro entre en nuestro lenguaje, comparezca en su alteridad *tal como es* y deje su huella en el poema. Por eso, estas experiencias poéticas consignan la frustración de un deseo formateado por la tropología del devenir. Son amores frustrados porque el otro, transformado por la varita mágica de la metáfora, ha desaparecido del horizonte. La metáfora ha desplazado el deseo, arrancándolo de la presencia y fijándolo en una negatividad tropológica que no alcanza la satisfacción.

El bienhumorado tono de estos poemas no empece la reflexión ética extraíble de esta poesía. Según el discurso libertario

del *eros,* el sujeto se libera de la ontopoesía del poder —aquellas
técnicas discursivas del poder que producen las imágenes que
acaban por capturarnos y definirnos— mediante el sacrificio go-
zoso de su integridad en pro del experimento de «los cuerpos y
los placeres», en palabras de Foucault (2009: 167). No obstante,
la pregunta que nos deja esta visión postmoderna del deseo es
si el otro con quien gozamos está dispuesto también a disolver-
se en la foucaltiana «sonrisa en el aire» para nuestro disfrute.
Traduciendo el dilema a las tensiones de estos «Amores imposibles», podríamos preguntarns si el otro está dispuesto a soportar
la violencia retórica de ser representado como anaconda, pastel,
hielo o cualquier otra materia de la que los sueños están hechos.
El otro puede devenir entonces en planta que justamente nos dé
calabazas.

En este punto, tras el furor visionario del *eros* surrealista de
un Vicente Aleixandre, quizá no sea vano recordar la hermosa
cautela del poeta Claudio Rodríguez ante los poderes de la metáfora en su conmovedor «Mientras tú duermes», de *El vuelo de
la celebración:*

> Ahora que estás durmiendo
> y la mañana de la almohada,
> el oleaje de las sábanas,
> me dan camino a la contemplación,
> no al sueño, pon, pon tus dedos
> en los labios,
> y el pulgar en la sien,
> como ahora. Y déjame que ande
> lo que estoy viendo y amo: tu manera
> de dormir, casi niña [...]
> Te estoy acompañando. Despiértate. Es de día. (2009: 277 y
> 278)

Ante la incitación a la aventura contemplativa, el poeta renuncia al sueño visionario y prefiere quedarse en la estancia, con-
tentarse con el gesto rutinario del cuerpo que duerme, andar
toda la concreción de «lo que está viendo». La contemplación
visionaria —típica de la poesía de Aleixandre, quien fue maestro
para Rodríguez— cede el lugar al ver simplemente una manera

particular e individualizada de dormir. En esta segunda forma de visión se averigua, en el último verso del poema, una manera de estar juntos, una compañía.

La frustración desde la que Aguado aborda sus poemas amorosos transparenta el malestar que segrega la ideología erótica del presente: nuestra impugnación de la presencia, tanto en la naturaleza como en el lenguaje, se traduce en un olvido del otro que se encuentra por doquier en nuestras manifestaciones y formulaciones del deseo. Sin embargo, la insistencia en el deseo no puede ser más característica de una sociedad que padece la soledad como una epidemia. Quién sabe si, en el caso de que cale aún más hondo el paradigma postmoderno y se extirpe de nuestras disposiciones emotivas la idea de persona, se dejará de percibir con total claridad el anhelo de presencia que aún coletea en la poesía actual. Sea como fuere, la escritura aún aspira a que «llegue el poema» que convoque por fin la presencia. Hoy nuestro anhelo de presencia ya no puede conformarse con la representación imaginativa del tú amado, sino que prueba dispositivos estéticos que intentan hacerlo presente, no como imagen, sino precisamente como presencia, como irrupción de la otredad en la mismidad. Un intento de esto podría ofrecerlo uno de los últimos libros de Aguado, *Dice Kabir y otros poemas* (2019)

III. *EROS* TEXTUAL

Aunque haya tenido una notable cercanía vital, intelectual y poética con la cultura hindú, Jesús Aguado no ha hecho suyo el credo hinduista. Lejos de asimilarlo, le atrae su alteridad, su irreductibilidad a los esquemas propios. Refiriéndose a la ciudad de Benarés, escribe el poeta: «tan antigua que hace siglos que ya no existe y tan presente que, en efecto, y sin necesidad de ser hindú para sentirlo, uno presiente que el centro de eso —Eso, sea lo que sea— nos otorga peso y medida» (2018: 109). Parece, por tanto, que Aguado se conduce hacia la tradición hindú para hallar allí el «peso» y la «medida» que faltan. ¿Puede interpretarse esta experiencia estabilizadora como una reacción a la volatilización postmoderna? El filósofo alemán Peter Sloterdijk, pensando sobre la creciente influencia de las culturas antiguas de Oriente en nuestras sociedades, afirma en este sentido: «el actual renacimiento asiatizante bucea en los mundos de la antigua sabiduría oriental para abrir a la postmodernidad, cuya corrupción parece amenazadora, no incurable, vías hacia lo nuevo, lo inédito, lo inaccesible» (2001: 57). Sloterdijk además pone en valor el mismo sentimiento de no-pertenencia que describe Aguado en el pasaje citado: «la nueva asiomanía debería ser la señal de que partes creativas de la civilización poscristiana tratan de comprenderse a sí mismas recurriendo al pasado; pero esta vez de manera que este no pueda admitirse como antigüedad propia, sino como una antigüedad bajo forma ajena» (59).

Si Sloterdijk está en lo cierto, el interés de Aguado por la cultura asiática pondría de manifiesto una búsqueda personal que dé salida al malestar postmoderno. Ahora bien, aquí puede palparse otra importante aporía que nos sale al paso. El malestar postmoderno proviene de que, frente al hundimiento de la presencia —como se aprecia en las teorizaciones sobre el deseo contemporáneas— la cultura actual no ofrece muchos asideros para nuestras esperanzas sociales y éticas. La contradicción se hace evidente cuando se cae en la cuenta de que la cultura en la que Jesús Aguado busca una salida ha estado atravesada, precisamente, por el mismo dilema: la dificultad de compaginar una doctrina filosófica que niega la individualidad con las exigencias de la vida en sociedad que requiere un respeto y una consideración hacia el individuo.

Juan Arnau describe en los siguientes términos un budismo de curiosas similitudes con la ontología postmoderna: «Además del dolor (*duhkha*) hay para el budismo otras dos marcas fundamentales de todo lo existente: la impermanencia (*anitya*) y la falta de esencia (especialmente la ausencia de una naturaleza propia, estable o permanente de eso que imaginamos que es el yo, o sea, en sentido estricto, la ausencia de yo: *anatman*)» (2006: 47). Pero si uno bebe hasta los posos el «nihilismo» que se desprende de los textos de Nagarjuna o Sankara, cualquier demanda ética o social resultaría insostenible. Chocamos aquí con el tipo de preguntas incómodas que pensadores como Eagleton o Bauman dirigen contra la ideología postmoderna: ¿cómo sostener una ética sin persona? ¿por qué denunciar ciertas injusticias sociales o esforzarse en construir una sociedad más justa si no hay nadie que las padezca ni nadie que las disfrute?[35]

A pesar de las dificultades, la escritura de Aguado consigue en algunos casos apresar los destellos de la presencia del otro, que prevalece sobre los mecanismos asimiladores de la metáfora. En *Dice Kabir y otros poemas,* el autor intenta convocar auténticas alteridades que, de hecho, gozaron de existencia histórica. Quiero decir que tanto Kabir como los inventores y poetas chinos que aparecen en la sección titulada «La invención de la pólvora» existieron realmente. Son otros que, convocados en el poema, adquieren una nueva pero breve vida, una «resurrección» en el texto. Aquí la historia vence sobre la imaginación, pues lo interesante es que el yo no los presenta como sus marionetas, como máscaras detrás de las que ejerce la ventriloquía: no es esa la intención de este libro. A este libro, quizá el más culturalista de los de este poeta, puede aplicarse lo que Jesús escribe en *Diccionario de símbolos.* Cada poema funciona a la manera de «invitación a la felicidad del desconocimiento, un recorrer territorios que debería constituir siempre la constatación de la existencia autónoma del otro, que es el infinito, lo radicalmente distinto, el misterio de los misterios, el espejo tachado, uno de los orígenes de la palabra dios» (2010: 162). Esto es cierto sobre todo para las secciones «La invención de la pólvora» y «Anillos de los árboles».

En «La invención de la pólvora», las composiciones nacen de la conjunción de prosa y verso, lo que busca enraizar el texto en la historia sin eludir por ello el discurso personal. Con este dispositivo, Aguado busca desplegar una especie de erótica cultural que, respetando la presencia del otro en su historicidad, genere en él una belleza nueva, como el *eros* platónico enmienda

---

[35] Aquí me hago eco de la perplejidad del filósofo hindú S.N. Dasgupta, quien formula su estupor de la siguiente manera: «Resulta sorprendente que una metafísica del idealismo extremo, de la vacuidad y falta de esencia de todas las cosas o nihilismo pueda establecer como mayor logro espiritual un programa de vida y de esfuerzo que es altruista hasta el mayor grado imaginable» (2009: 103-104).

la producción en la carne con una producción en el espíritu.[36] En este sentido, la conjunción de la prosa y el verso supone la culminación de una erótica redefinida culturalmente. Si el poema de amor no puede atesorar entre sus límites la presencia deseada del tú, estos poemas culturales satisfacen la exigencia de alteridad, encerrando en el texto la presencia del otro en el que se engendra platónicamente belleza. Estos poemas en prosa cumplen de alguna manera el erotismo delineado en el último pasaje de *Benarés, India,* que cito con prolijidad —aunque con recortes— para que se vean mejor las direcciones que este fragmento en prosa imprime en los textos de *Dice Kabir y otros poemas*:

> «Demasiada poesía en mi vida me ha vuelto ingrávido. Floto en el azur escandiendo sílabas de éter, buscando el metro exacto para decir adiós a todo esto. Lejanísimo, remoto: ya casi nadie puede verme […] Tanto hablarme la poesía de las nubes me ha hecho fugarme hacia las nubes, hacia los agujeros negros […] Y entonces me digo: tengo que aprender a pesar. Ser mi propio lastre. Atarme sacos de arena a la cintura, atragantarme de bollos de crema. Lo que sea con tal de librarme de la liviandad que me difumina metro a metro en la oscuridad agresiva de las centellas […] Que la prosa me devuelva a la tierra sin condenarme a ella. Que no me robe lo alto, pero que no me permita alearme con él, ser abducido por esas naves suyas con forma de corazón bruñido […] Prosa, poesía: el coito de la tierra y el cielo». (2018: 163-166)

Aquí, en uno de sus momentos más «neo-humanistas», Aguado conjura la volatilidad del *eros* postmoderno con un poco de peso ontológico, adquirido mediante un trabajo *por* la presencia a través de la prosa histórica. Lo mismo sucede en «Anillos de los árboles», conjunto de composiciones en prosa que hilan apariciones del elemento señalado en el título de la sección en distintos momentos de la historia cultural. «Anillos de los árboles» es una galería de afirmaciones, usos, poetizaciones y otras ficciones,

---

[36] Más adelante retomaré el texto del *Banquete*. Baste, por ahora, con su mención y la promesa de su tratamiento con una mayor dilación en la conclusión.

que realizaron sobre los anillos de los árboles distintos personajes históricos, entre los que figuran los místicos Hildegarda von Bingen y Giordano Bruno, los poetas Friedrich Hölderlin y Ramprasad o los viajeros Alexandre von Humboldt y Michel Leiris. Todos estos nombres despliegan una variedad de puntos de vista sobre los anillos de los árboles que crecen, precisamente, como los anillos de los árboles: una imagen poética que se repite y va expandiendo sus círculos alrededor de un centro, o una experiencia nuclear que se amplia con cada voz. En este sentido, el primer poema de «Anillos de los árboles» nos sirve para cerrar nuestras reflexiones sobre el erotismo en la poesía de Jesús Aguado:

> «En un relato de Primo Levi (siglo XX) un avispón se posa sobre uno de los anillos de un árbol que acaba de ser derribado a hachados por una cuerda de presos del campo de concentración donde el narrador está prisionero. Primo Levi hace un paralelismo entre las rayas (amarillas y negras) del avispón y las de los trajes de los forzados (grises y blancas). Luego, cuando el insecto se echa a volar y se pierde de vista en la espesura de un bosquecillo cercano, uno de los hombres empieza a llorar y se abraza a ese tronco cercenado. Los soldados nazi le amenazan para que regrese a la formación. Él se niega, grita, solloza, hipa, amenaza, aletea. Una bala disparada a escasos centímetros de su sien acaba con su vida. La última imagen del relato se detiene en la sangre que avanza con lentitud "como un dedo recorriendo la piel de su amante", por los anillos enrojecidos del árbol». (2019: 41)

La experiencia que Aguado rescata de las páginas de Levi se parece mucho a lo que en *Mil mesetas* Gilles Deleuze y Félix Guattari, retomando la nomenclatura de Duns Scoto, propusieron nombrar como «hacceidad». La «hacceidad» constituye un modo de ser que, durante el instante de la experiencia, se independiza de las configuraciones del sujeto y de la forma: «Nosotros reservamos para él el nombre de hacceidad. Una estación, un invierno, un verano, una hora, una fecha, tiene una individualidad perfecta y que no carece de nada, aunque no se confunda con la de una cosa o la de un sujeto. Son hacceidades en el sentido de que en ellas todo es relación de movimiento y de reposo [...]» (2020: 340). En este sentido, el preso que protagoniza el relato de Levi se ve atrapado en un movimiento de devenir que lo hace confluir eróticamente con el árbol recién talado y con el avispón que en él se posa. De este erotismo no se puede predicar una «indistinción», pues en este *eros* —desquiciado de un eje puramente sexual, pero dentro de una experiencia amorosa de lo otro— cada ser mantiene su individualidad en el devenir «erótico» que los arrastra en la «hacceidad» del momento. Levi está componiendo en su escena un plano de consistencia donde están juntos el árbol, el avispón, el preso, cada uno tal cual es.

Este plano vale como imagen para la escritura poética de *Dice Kabir y otros poemas* y, en concreto, para los textos de esta sección. La escritura se constituye en máquina de «hacceidades», en que devienen en un mismo impulso erótico, ya no sexual, las individualidades literarias, esto es, las voces que confluyen para dar lugar al poema. Las individualidades de los otros quedan de alguna forma protegidas mediante la forma poética escogida, que reedita la obra de Levi como un anillo interior rodeado por el anillo exterior de la voz de Aguado. Aquí se puede hablar de una confluencia que no atraviesa la indistinción, que preserva la presencia del otro como tal. Por tanto, este podría ser un correlato válido, una figura para un erotismo cultural que satisface la inclinación amorosa hacia el otro tal que otro, y que en las páginas siguientes tendremos ocasión de desarrollar. Según este *eros*, la individualidad se acerca infinitamente a otro como asíntota al límite en que deja de ser yo para ser otro, sin llegar nunca a rebasarlo, de la manera en que los círculos concéntricos comparten un centro sin llegar por eso a confundirse.

Capítulo 4
IDEAS CÍVICAS DE *EROS*
(DESDE LUISA CASTRO)

La novelista y poeta Luisa Castro (Foz, Lugo, 1966) ha mantenido a lo largo de su obra lírica y narrativa una reflexión preocupada por nuestras ideas sobre el amor y sus efectos. Esta constante temática ha sido abordada desde perspectivas estéticas muy diferentes. Los giros estéticos dan muestra de una aventura que emprende distintas búsquedas de un *eros* mejor.

El que fue su segundo poemario, *Los versos del Eunuco* (Hiperión, 1986), ensaya una poética quizá heredera del surrealismo de-constructor de Leopoldo María Panero. Despliega una poesía arrebatada, arrastrada por las pasiones y las imágenes, que Castro lanza contra formas limitadas y limitantes de vida contemporánea. Años después, la autora vuelve a escribir un poemario dominado por el asunto erótico, *Amor mi Señor* (Tusquets, 2005). Este último ofrece un cambio importante en la estrategia estética de Castro. Si *Los versos del Eunuco* libera una dicción desinhibida y volcánica, *Amor mi Señor* se somete a una férrea disciplina literaria, que cultiva el gusto por el intertexto. *Amor mi Señor* adopta el lenguaje, la métrica y el universo simbólico de las cantigas galaico-portuguesas y del amor cortés. Con esta apropiación, Castro pretende cuestionar y resignificar una herencia literaria que aún configura nuestra forma de entender el amor.[37]

---

[37] Como escribe Valentina Manacorda, «del concepto del amor, que a raíz de los cancioneros provenzales se ha ponderado y magnificado —y que aún hoy sigue alimentando la poesía y gran parte de la literatura en general— Luisa Cas-

Ambos poemarios se alinean por tanto en una relación crítica con *eros* que nos es en esta investigación de gran interés. Pero
lo que quizá resulte a la larga más revelador no es la coincidencia
en la inspección crítica de nuestra forma de vivir el amor, sino los
diferentes supuestos desde los que esta crítica se emprende. Y es
que la relación entre estos dos poemarios dista de ser armónica:
los separan fundamentales diferencias en sus respectivos propósitos que quizá puedan explicar el cambio de estética entre uno y
otro y, en última instancia, el aporte de la estética que habremos
de llamar «neo-humanista» en la obra de Luisa Castro.

I. LA SOCIEDAD O EL AMOR

En cuanto al tema que nos interesa, *Los versos del Eunuco* abre
un mundo incapaz de sostener imágenes de amor satisfecho.
Quizá esta esterilidad se cifre en el título del poemario, siendo
el eunuco un epítome de esa insatisfacción erótica, aunque la
esterilidad amorosa emerge constantemente en las imágenes y
palabras que componen el libro. Muchos pasajes de la obra son
susceptibles de ser leídos a la luz de este significado encapsulado
en el título. De hecho, la parábola que traza oblicuamente Castro
en su poemario lleva inscrita en su andadura ese destino de fracaso. La elíptica historia que narra *Los versos del Eunuco* da cuenta
básicamente del amor entre la voz poética y el Eunuco. No importa ahora qué valor simbólico acumule este segundo personaje
o a qué realidad corresponda esta figura alegórica —si es que algún significado se fija férreamente a ella—. No es necesario para
concluir que la relación erótica está atravesada por la frustración.

La frustración sucede en dos escenarios. En primer lugar,
podría decirse que pertenece a la dinámica interna de la relación erótica presentada, lo cual no imposibilita la sobredosis de
pasión que Castro inocula a sus personajes. En efecto, el amor
que circula entre la voz poética y el Eunuco se eriza apasionada-
mente:

---

tro hace de alguna manera una relectura; su amor no es necesariamente más
carnal y más pasional, sino más real, más de la vida diaria» (2009: 640).

> Un Eunuco me escribe versos y yo
> lo amo como a las niñas pobres
> que me visitan en el palio de la risa,
> y cada palabra es un alto mirador,
> un alondra inviolada
> que hay que astillar y sacudirse hasta el delito.
> […]
> Yo lo amo como una salvedad de piedra
> florecida, como un impuesto de sangre, como una cicatriz
> que no poseo. (2019: 67)

La tensión que se percibe en este poema nace de un conflicto entre sentimientos: la altura inviolada de las alondras y los miradores se solapan hacia el final con imágenes de sufrimiento. El amor se cobra un «impuesto de sangre» que lo aleja de la dicha.

El siguiente poema de la serie despliega y confirma el giro trágico de la pasión:

> Versos como incendiarse en lechos, hundir
> la espuela y dame
> la trinidad oscura de tu alma,
> el cajón extraño de tu cuerpo, y alta
> parábola de ti,
>   Y
> yo,
>   que vivo al otro lado del incendio
>   ausente y silenciada
> y cantando cosas tristes, yo
> tan lejos del herrero y sin alma
> y un cuerpo amargo para enmudecer
> tendré que decir bueno, así es, mi amor,
> así es,
> y   quemarme en lechos
>   la espuela y darle
>   la trinidad oscura de mi alma,
>   el cajón extraño de mi cuerpo,
> mi parábola más alta,
>   esas cosas que no conozco
>   y callo. (2019: 68)

Al inicio, la composición formula las altas exigencias de la pasión, expresadas en imágenes de entrega y de sacrificio. Tales exigencias vienen además enunciadas en un estilo indirecto, pues no son puestas en la boca de la voz poética sino que aparecen filtradas por los versos que le escribe el Eunuco, según sabemos por el poema anterior. De hecho, en lo que parece ser la segunda estrofa del poema, la pasión exigente incide en una sentimentalidad que no está afinada con el yo poético, pues la pasión exhorta a un cuerpo amargo que dice cosas tristes y que habita, por tanto, al otro lado del incendio. La pasión, podríamos decir, viene de fuera y perturba la existencia solitaria del yo lírico.

Ahora bien, una segunda interpretación es posible, y esta situaría en la interioridad del yo el origen de las exigencias pasionales que interpelan a la voz poética. Si tomamos al pie de la letra que es el Eunuco quien escribe los versos, vemos que el Eunuco coincide no solo con la voz poética, sino también con la autora, pues son en definitiva quienes escriben los versos en los distintos niveles diegéticos del poema. Esta es la interpretación que propone Jonathan Mayhew, quien afirma que «el eunuco del título es el alter ego de la voz poética» (2009: 128). Así, el desdoble de la voz poética —que podría estar significada en la disposición formal del texto, en sus dos mitades partidas— genera una entidad ficticia —el Eunuco— que inspira poéticamente y de la que provienen también las exigencias pasionales. Si el Eunuco estimula aplicando el verbo poético al alma, es el lenguaje poético quien en el fondo arrastra al yo hacia la entrega pasional. El lenguaje poético se transforma entonces en «parábola», que etimológicamente quiere decir un arrojarse hacia el extremo o hacia el margen. Parábola de sí mismo, el lenguaje poético moviliza con su fuerza centrífuga al yo amargo y enmudecido, lo lanza al límite de sí mismo, lo exaspera —hasta convertirlo quizá en un otro, el Eunuco—.

El esquema dual del poema alberga *in nuce* el conflicto de sentimientos que se despliega a lo largo de todo el libro. Porque la pasión le sobreviene al yo, a menudo contagiada por el poder mistagogo de la palabra poética, el yo puede a veces librarse de su influencia, poniéndose en cautela de los riesgos de este amor-pasión que lo arrebata. Lo denuncia a veces como falseamiento de la imaginación y entonces deviene «estafa»: «Mientras el amor, la busca, / sin mirarnos, sin tocarnos, apresuradamente / a la estafa [...]» (2019: 77). Otras veces las palabras se gastan y el suplemento de intensidad erótica —que es el lenguaje poético— se mustia: «Y así fue que cada día llegaba más amarillo, con aliento amarillo de vaca y los ojos colgándole sobre un fondo amarillo. Así fue que cada vez llegaba más muerto, sin palabras que decir, inconexos versos golpéandome el corazón» (88). El desvanecimiento del personaje del Eunuco implica la progresiva deflación de la pasión erótica, que coincide significativamente con la incapacidad que asola los poemas del Eunuco. Castro postula una evidente solidaridad entre lenguaje y pasión que se mantiene a lo largo de todo el libro, hasta el final desfallecimiento del Eunuco. Esta solidaridad es su fuerza, pero también su debilidad y traza en definitiva su horizonte de fracaso: espoleado por el lenguaje poético, este amor necesita de un suplemento verbal para su subsistencia. Una vez se gasta el poder de la palabra, la pasión que exige el sacrificio y la entrega se torna un engaño o una «estafa», cuando no un juego imaginativo peligroso que exige más de lo que da a cambio.

En libros posteriores Castro ajustará cuentas con esta visión del amor-pasión que nos inspira el lenguaje literario y su tradición, pero ya en *Los versos del Eunuco* nos ofrece un anticipo de vislumbre del lado oscuro de la pasión. La reflexión sucede en un poema situado hacia el final de la serie «Los versos del Eunuco», titulado «*Ab urbe condita*». Aquí la voz poética se revuelve contra el rapto pasional y lanza contra él palabras determinantes:

> Desde que fundamos la ciudad
> nos invitan a todas las tragedias, ¿tú crees
> que es justo que no llegue el dolor
> cuando hace cien años que gotea
> sin pausa?
> [...]
> Desde que abrimos el manual milenario
> de los males nadie nos acongoja.
> Será cierto que despertemos juntos
> esta mañana y

las liendres del cansancio
instalaron sus casinos en el sacro sitio y
solaz
destinado a sus amables, será, sigo,
se levanta y no me espera.
[...]
Gota a gota vamos haciéndonos este amor malo,
desordenado y letal [...] (2019: 83)

Castro diagnostica un mal en «este amor», un daño «milena-rio» que los amantes se van haciendo lentamente, «gota a gota». ¿Con qué se puede identificar este goteo de daño? La situación de este fragmento dentro de un poema titulado «*Ab urbe condita*» puede darnos una pista. En el poema se dibuja una imagen del amor mantenido entre dos donde ningún tercero acongoja, ni se insmiscuye, ni molesta, ni participa. Leído a la luz de reflexiones y preocupaciones que Castro desarrolla más adelante en su tra-yectoria, es lícito someter el amor pasional a una interrogación sugerida por el título mismo: ¿funda ciudad este amor?

La respuesta se escora, más bien, hacia la negación rotun-da. A lo largo de *Los versos del Eunuco*, la relación pasional entre los dos amantes se ha caracterizado por su antagonismo radical hacia las formas sociales que intentan contener esta pasión. El poemario es la historia de dos amantes contra el mundo que los rodea. Y es cierto que a veces este mundo motiva la huida de los amantes, pues el universo social de *Los versos del Eunuco* sufre una depauperación erótica alarmante, que en última instancia repele y asfixia a quienes intentan vivir de acuerdo a su pasión.

En este sentido, las imágenes de represión y persecución se repiten a lo largo de todo el poemario. Valga como muestra el poema que empieza «Multitudes de enemigos como desbocadas hembras sin pelo / nos arrastraban al puerto oscurecido / de la ciudad / a ver zarpar / el último barco» (2019: 78), cuyos pri-meros versos ya de por sí dibujan una muchedumbre hostil a los amantes. Más adelante, el poema insiste:

Nos arrastraban, nos echaban los perros enloquecidos
a la ropa,
azotados, azotados,

> a ver pasar el último barco lleno de canciones
> y piernas jóvenes bailando en la cubierta
> bañada de alcohol,
> con el techo de noche, negro, negro, encima. (2019: 78)

Quizá sugiera el poema la amenaza de expulsión: los amantes solo pueden continuar el goce si deciden tomar el barco que los aleja de la ciudad, un barco que siempre es último y sin regreso.

Sea como fuere, Castro esboza una historia de amantes perseguidos, represaliados y casi expulsados de la sociedad. Como reacción a esta violencia, la voz poética poco a poco transforma su pasión en odio dirigido contra la sociedad y situado por ende en la marginalidad. Es cierto que el universo social del poemario emana un poder «castrante», que impide la realización erótica, y de aquí emerge el segundo escenario de la frustración que anunciaba al principio: no solo la pasión depende de un suplemento —el lenguaje poético— que se gasta con el uso. También la pasión encuentra su tope en la colectividad.

Sin embargo, nos engañaríamos al pensar que *Los versos del Eunuco* avala la marginalidad como solución a las violencias represivas de la sociedad. Por el contrario, *Los versos del Eunuco* clama por un replanteamiento de las prácticas eróticas tanto individuales como sociales, para desarrollar, como sugiere el poema «*Ab urbe condita*», un erotismo que no impida lo social y una sociedad que no impida lo erótico. Castro asume desde este momento el mismo reto que nos planteábamos en las primeras páginas de este estudio. La frustración en que desemboca *Los versos del Eunuco* adopta una postura que no acepta la validez de la represión erótica, pero tampoco se deja convencer por el *eros* desprovisto de fuerza civilizadora. No se rinde a la pasión que encierra a los amantes en una entrópica sociedad de dos. Ambos, podríamos concluir, son prácticas eróticas «castradas».

II. LOS LÍMITES DEL *EROS*

Luisa Castro retoma la preocupación sobre los efectos de *eros* en *Amor mi Señor*. Esta preocupación asume la forma de indagación arqueológica y se remonta a los orígenes culturales que patentaron desde hace tiempo un modo de vivir la pasión amorosa por encima de los impedimentos sociales. Para Castro, el nacimiento de esta idea de pasión erótica se ubica en la Edad Media y, en concreto, en la literatura del amor cortés. En un encuentro digital organizado por el periódico *El Mundo* en el que la escritora respondía a las preguntas —y alguna impertinencia— de los lectores, Castro hablaba de un libro aún en proyecto «que remite a una vieja obsesión mía que es el darle la vuelta a ese concepto que surge en el medievo y que aún alimenta la creación poética: el amor cortés. Siempre me ha chocado y me ha interesado los conceptos amorosos de nuestro tiempo» (2003).

Años más tarde, sin embargo, la intención de «darle la vuelta» al concepto del amor cortés sufre una variación o al menos una amplificación donde caben otros valores hermenéuticos y afectivos. Así, en el *Diario Córdoba*, leemos: «Este libro —explica Luisa Castro— tiene una estructura alegorizante que remite a los cancioneros galaico portugueses mediante los cuales juego con el concepto del amor cortés. Se trata de un homenaje en el que hago contemporáneas esas cantigas de amor desde la óptica de la rebelión a la esclavitud de las pasiones» (2007). Si la primera declaración enunciaba la necesidad de trabajar sobre los conceptos y símbolos del amor cortés para combatirlos, la segunda incluye una actitud de «homenaje» y de actualización de su horizonte. La primera intención podría encuadrarse dentro de una lectura de-constructora de los valores del amor cortés, mientras que la segunda corresponde más bien a una estética «neo-humanista», cuya intención no se centra en el desarme ideológico sino en el aprovechamiento de lo que del pasado aún puede sernos válido.[38] Entre ambas declaraciones median cuatro años y, sobre todo, la culminación del proyecto de escritura con la publicación del libro en la editorial Tusquets en 2005. Podríamos partir por tanto de la hipótesis de que, en el proceso de escritura, que comenzaba con el objetivo de desmontar los enclaves culturales en los que el amor cortés se afianzaba, se alcanzó el descubrimiento

---

[38]   Como he anunciado antes, abordaré el concepto de «neo-humanismo» en la conclusión.

de algunos valores que fueron aprovechados por la perspectiva ideológica del libro.

Como *Los versos del Eunuco, Amor mi Señor* se construye con mimbres narrativos. El poemario plantea una trama más o menos clara, que atraviesa los episodios sentimentales de una soldado que deserta de las filas del ejército de Amor. En este resumen ya se aprecia el peso que la alegoría sostiene en la arquitectura poética del libro. Sin embargo, conviene centrarse por ahora en este primer dato. La voz poética pertenece a un personaje femenino que reniega de la *militia amoris:*

> Pero yo
> no acataré a mi señor
> que me oprime,
> no acataré los designios de amor
> que niega mi señor,
> no acataré su desdén,
> su capricho,
> no acataré su fuerza [...] (2019: 319)

El fragmento pertenece al primer poema del libro y articula una actitud muy diferente a las exigencias pasionales de *Los versos del Eunuco*. Los amantes protagonistas del anterior poemario de Castro se entregan a las llamas de una pasión que los consume. El personaje femenino de *Amor mi Señor* parte de una actitud sentimental opuesta. La voz poética renuncia al amor pasional y se niega a someterse a los caprichos y las fuerzas de la pasión amorosa.

La relación entre estas dos actitudes emocionales queda de alguna manera reforzada por la trama de *Amor mi Señor*. Si seguimos leyendo, descubrimos que la resistencia ante Amor enseñoreado no se debe a ningún prejuicio ideológico. Es más bien la consecuencia de haber apurado la experiencia erótica hasta el fondo, bebiendo sus posos más amargos. Se abre el poemario desde la acritud que cerraba *Los versos del Eunuco*, con la experiencia ya hecha de la frustración. En varios momentos, la voz poética dirige invectivas contra Amor: «Nada me diste, avaro, / que yo no ganara a pulso. / ¿Hiciste tú verdes los prados?» (2019: 322). Y también:

¿Qué me diste? Qué te di
que nunca te viste saciado,
campo que todo lo bebes,
fuente que todo lo secas.

Amor que todo lo pides
y nada das que no sea
a cuenta de usura, alegre
fuente que todo lo secas. (2019: 323)

A partir de estos reproches se puede esbozar una imagen de
Amor contra la que se revuelve el personaje femenino. Los rasgos
criticados incluyen la exigencia sin límites y la insaciabilidad que
acaba por consumirlo todo.[39] Este Amor corresponde por tanto
a una idea de la pasión amorosa valorada por encima de cualquier otro parámetro: todo debe ser sacrificado en aras de Amor.
Contra este fundamentalismo del *eros*, se yerguen las quejas del
poemario de Castro.

La representación de Amor como señor absoluto coincide
con el concepto de «amor-pasión» que Denis de Rougemont po-
pularizó en *El amor y Occidente* (1978). Rougemont investigó las
ideas sobre el amor que se desprendían de los romances medievales y, en concreto, del mito de Tristán e Isolda. Concluyó que los
romances más característicos del amor cortés mostraban ciertas
actitudes eróticas donde la pasión amorosa debía gobernar sobre
cualquier otra consideración ética o social. Según Rougemont, la
pasión del amor cortés es una fuerza que domina a los amantes
y los empuja siempre al límite de las convenciones sociales. Es
más, el fuego de este amor se alimenta de cuantos obstáculos le
oponga la sociedad: a mayor dificultad, más fuerte es el amor que
impele a los amantes. Pero el «amor-pasión» no quedó anclado

---

[39] La visión del amor en el poemario sintoniza con la novela *La segunda
mujer,* escrita además durante los mismos años. De trasfondo autobiográfico, la
novela relata el devenir tóxico de la relación amorosa entre una escritora joven
y un catedrático de Estética, convirtiéndose así en documento del desengaño de
las ilusiones amorosas de la joven. En *Viajes con mi padre,* aún más autobiográfico,
Castro relata que el origen de su primer poemario se halla también en el de-
rrumbe de la idea del amor ocasionado por un desengaño.

en la historia y saltó a muchas prácticas eróticas contemporáneas, donde se rastrea la presencia subrepticia del mito de Tristán e Isolda. El amor-pasión se halla activo en los usos amorosos del siglo XX y de él, según Rougemont, provienen malestares eróticos que afligen la sociedad.

Castro delinea en *Los versos del Eunuco* una relación erótica basada en el «amor-pasión»: el Eunuco y el personaje femenino se entregan a una pasión que planta cara a los obstáculos y persecuciones sociales. Pero, enardecidos por esta dinámica, los amantes están dispuestos a sacrificarlo todo, y de hecho lo sacrifican, alcanzando el punto de amargura desde el que inicia *Amor mi Señor*. Por las afirmaciones que Castro ha prodigado en entrevistas, sabemos entonces que este malestar ocasionado por una entrega demasiado total al «amor-pasión» provoca reacciones de interrogación y pesquisa que movilizan su poesía hacia las raíces culturales de esta forma de entender la relación erótica. Finalmente, adelanto ya que, si Rougemont opone a la pasión del amor cortés otro *eros* más civilizador, que atiende a la figura del otro y hacia ella se dirige (1978: 313), también Castro sitúa el límite de la pasión allí donde hay un otro irrebasable. Su remedio también será el de recuperar del desguace postmoderno la noción y la figurabilidad de la persona y hacerlo valer por encima de las prerrogativas asignadas al goce o el placer.

Todo esto sucede en la sección «Tierra», compuesta de un único poema de cierta longitud. «Tierra» se centra en la reflexión cultural sobre el amor, pero atiende además a los procesos de subjetivación sobre los que este incide. Así, la composición combina la temática erótica con la inquietud por la menguante presencia de la dimensión personal en las relaciones eróticas. Que *Amor mi Señor* aspira a ensanchar lo máximo posible el círculo de su reflexión sobre *eros* lo comprobamos en la nota preliminar del libro, donde Luisa Castro explica la cita de Jorge de Sena con que encabeza su poemario. Tal fragmento «resume a la perfección el espíritu que inspiró *Amor mi Señor*» (2019: 311). Esta es la cita: «Minh'alma, nao te conheço, / minh'alma, nao sei de ti, / oh, dança, minh'alma, dança, / por amor de quanto vi». Los versos no refieren especialmente el sentimiento amoroso. Giran más bien sobre el conocimiento del alma. Más allá del trabajo sobre el concepto de amor, estas palabras de la autora abren las puertas a investigar la escritura de *Amor mi Señor* como un proceso de conocimiento del alma, además de una inspección arqueológica de nuestras ideas eróticas. Dicho proyecto se hace transparente en el único poema que compone la sexta sección de *Amor mi Señor*, el ya mencionado «Tierra», que comienza apartándonos —solo momentáneamente— del hilo reflexivo sobre *eros:*

> Construí mi alma
> al modo de los fabulosos granjeros
> en tierras más áridas
> que las de mi país.
> Yo me colonicé fuera
> al modo de los irlandeses adelgazados
> de tanta mísera riqueza […]. (2019: 367)

Castro recupera para el poema la recurrente expresión —«mi alma»— con que Jorge de Sena apostrofa su interioridad. En este caso, la voz poética no interpela. Afirma tan solo un evento: la fundación del alma en el extranjero. En este sentido, *Amor mi Señor* puede leerse como la construcción del alma erigida más allá de la interioridad, más allá de «mi país», pues uno de sus supuestos es que nuestra sentimentalidad proviene de ideas y paradigmas que sobrepasan sin lugar a dudas el radio de nuestras acciones, hundiéndose en tiempos remotos y en lugares lejanos. De hecho, los versos concentran sobre sí dos interpretaciones complementarias. Una describe la escritura misma, voz trasplantada a las dicciones y universos simbólicos de la poesía provenzal y cancioneril gallego-portuguesa, movimiento que arrastra la voz y la hace aparecer en parajes insospechados. La otra refiere la alteridad de códigos culturales que constituyen la genética de nuestra intimidad, alma afectada por sentimentalidades históricas que diacrónicamente atraviesan nuestro presente, alma donde suenan los ecos de pasados errantes que hoy se repiten. Ambas interpretaciones despliegan una distancia en el seno de la mismidad y esa distancia es la que separa el primer posesivo —«mi alma»— del segundo —«mi país»—. Son dos «mis» que estiran lo que es propio hasta su resistencia última, quizás hasta romperlo.

Muy pronto volveremos sobre *eros*, pero merece la pena detenerse un poco más en el desarrollo de este segundo tema. «Tierra» extiende la propuesta alegórica inicial, que equipara la construcción del alma a una emigración, solo que este viaje no busca la abundancia económica o material : «Me fui, sí, a pasar hambre y sed / a donde no me devorara el exceso [...]» (367). Ni siquiera la tierra de acogida es fértil: «En tierras indigentes que nadie codicia / me planté, / de fuentes agotadas bebí [...]». Se trata, por tanto, de un desplazamiento casi forzoso. Así que, ¿de qué y por qué se huye en «Tierra»?

La doble pregunta puede responderse acudiendo a lo ya dicho sobre la narrativa del poemario, que ha presentado en las secciones previas a una sierva de Amor desertando del ejército de su señor. En primera instancia, se huye del amor, del Amor escrito con la mayúscula de Absoluto, enemigo al que el mismo poema «Tierra» menciona más adelante:

> Le puse Libertad a mi hijo,
> Creación fue el nombre de mi pequeña
> y marchamos a un lugar
> donde Amor no pudiera saquearnos nunca más,
> con el alma por el suelo, vacía,
> de tanto malgastar
> mi pequeña paga de soldado. (2019: 369)

Castro hace valer en «Tierra» nuestras reflexiones anteriores. Se emprende el viaje de la escritura huyendo de los imperativos y saqueos de Amor y esa huida se transforma en una revisión de su autoridad y de su fuerza. Pero si esta huida corresponde a la escritura misma, no deja de llamar la atención el hecho de que el destino de esa huida se encuadre entre los márgenes de un sistema cultural que privilegió al Amor y lo convirtió en religión. La huida de la voz poética del imperio de Amor ocurre hacia un pasado donde Amor igualmente reina: el imaginario del amor cortés.

Esta paradoja no se resuelve distinguiendo entre personaje y autora, aduciendo que el lugar cultural desde el que Castro escribe y hacia el que huye para dominar desde allí la idea del amor no tiene por qué corresponderse al mísero paisaje al que ha llegado en su huida el personaje poético. Esta distinción, además de ignorar las declaraciones de la propia autora al respecto, borra gratuitamente uno de los lados de la alegoría para resolver el problema que la alegoría presenta. Más bien, hay que considerar esta ambivalencia como muestra de la actitud ambigua de Castro hacia la tradición cultural sobre la que trabaja. No nos ahorremos el esfuerzo y la dificultad de la «duplicidad», como Castro la llama en entrevista con Marco Paone: «La duplicidad, el desdoblamiento entre autor y personaje, entre voz y máscara, entre el que escribe y está por tanto sometido a los dictados del lenguaje y tratando de reformularse dentro del lenguaje, frente al determinismo de nuestra propia herencia sentimental y cultural. El lenguaje, como un medio de superar las herencias, de integrarlas y avanzar en algún sentido, de narrar nuestra esencia de criaturas inacabadas, defectuosas» (2017).

Así pues, excavando toda esta lucha por la construcción del alma bajo la superficie del poema en cuestión, se aprecia que el avance arrastra «nuestra esencia de criaturas inacabadas, defectuosas» y desemboca precisamente en esta imperfección, en esta carencia fundamental. La lucha descubre de alguna manera la negatividad que nos horada. Por eso, el espacio al que llega la voz poética pertenece a la geografía de la nada. El páramo donde el sujeto poético ha de construirse un alma no es ningún paraíso, sino un escenario barrido por la miseria, un lugar que se caracteriza por todo lo que le falta: «Así llegué a este solar siniestro / donde no hay límites ni ejércitos […]» (369). Como el libro está escrito bajo el signo de la alegoría, nada impide tomar el desierto como imagen del alma, como exteriorización de una emoción del alma hecha ya no personaje, ni siquiera lugar: solo espacio.

Más allá de la herencia cultural, el espacio que se abre es desértico, una tierra baldía no afectada por la cultura —incultivado «solar siniestro»—. Es la dificultad que debe atravesar quien decide construir el alma por su cuenta, tras abandonar los antiguos moldes inservibles. Pero Castro, y aquí recuperamos el asunto erótico, convierte este solar en lugar de un encuentro:

«Esas tierras que nadie quiere,
las más amadas por mí…»

Lo escuché en Jerusalén
de la boca de un poeta etíope,
y mi alma se ensancho por los muros vencidos,
y mi alma se desmanteló como un libro roto.
[…]

Me acordé siempre de él
aunque no me atreví a besarlo.
En casa me esperaba un hombre al que yo amaba,
y ni siquiera ese amor
me alejó de la nostalgia
de lo que nadie quiere,
de las patrias que a nadie pertenecen,
de los corazones que nadie gobierna. (2019: 369)

El desierto acoge a aquellos que abandonaron sus patrias, los reúne y pone a circular entre ellos cierta atracción. Es, además, lugar donde las palabras alcanzan el rotundo éxito de la comunicación. Las palabras del poeta etíope operan con suma eficacia sobre el alma del sujeto poético: la ensanchan, la desmantelan, discuten en última instancia la férrea propiedad del posesivo «mi». Las palabras sintonizan la intimidad de estos dos sujetos que pertenecen a universos culturales muy diferentes. En el desierto se fragua una complicidad y una comprensión del otro que atraviesa todas estas distancias. Pero esto sucede operando sobre las expectativas amorosas que activa el universo del amor cortés, presente a lo largo de todo el poemario. Al contrario que los amantes corteses, la voz poética no deja que la atracción sexual la gobierne. El encuentro queda fuera del régimen de Amor y sobre todo del amor cortés, favorecedor de este tipo de encuentros extramatrimoniales. Mediante la restricción del deseo, la voz poética se aleja además del «amor-pasión» cultivado en *Los versos del Eunuco* y mantiene esa atracción dentro de los límites de la sociabilidad. No le otorga al deseo el permiso de avasallar las formas sociales. Esta acción, leída en clave alegórica, contraviene las expectativas del romance medieval y preserva del contagio erótico el tipo de relación que Castro quiere proponer entre aquellos que construyen su alma en los extrarradios, en las tierras baldías, en los no-lugares abstractos del capital, en los exilios que a cada cuál tocan.

«Tierra» adquiere la condición de alegoría para la escritura de Luisa Castro. Pues en «Tierra» se lleva a cabo la construcción de un amor social en el espacio vaciado del capital, pero a este deseo ya no se le entregan todos los privilegios. La escritura de Castro aspira a transformar ese espacio vaciado en coordenadas culturales que enriquecen y favorecen la mutua comprensión de aquellos que son extraños entre sí. La erótica carnal queda así reconvertida en una erótica civilizadora, que utiliza la palabra poética como vehículo de comunicación más allá del encuentro sexual. Este poeta etíope aparece en el texto *reconocido* como un «tú que nunca será[s] mío», esto es, un cuerpo que no es subsumido ni fagocitado en un movimiento de trascendencia (Irigaray, 2004: 10). No es casualidad que la filósofa francesa fundamente sobre este tipo de *reconocimiento intersubjetivo* la esperanza de una política diferente.

Se produce aquí una apertura cultural y cívica del *eros*, que nace de las cenizas de las ilusiones absolutas que hemos puesto como sociedad en el deseo y sobre las que tristemente se han articulado múltiples formas de avasallamiento y dominio —un caso, tan solo uno entre muchos, es el que nos propone *Amor mi Señor*: la personaje que reivindica su libertad contra el Amor / Señor que le exige todo—. Se recorta con esto un *eros* atraído por el otro, que celebra esa aparición del otro fulgurante de presencia y palabra. *Amor mi Señor* encapsula una exhortación a transferir la apuesta a ideas de *eros* quizá menos pasionales pero sí más civiles: un *eros* que construye un país donde el yo y el otro no se avasallan, sino que se intercambian alegorías, léxicos, palabras de mutua comprensión: «Porque no hay una perfección del amor / pero sí un país donde el amante / pueda cambiar su moneda [...]» (2019: 356).

Conclusión
Eros neo-humanista

La postmodernidad ha cultivado discursos y prácticas libertarias de la sexualidad. Casi podría decirse que el *eros* se ha convertido en un fundamento que sobrevive a la erosión de las legitimaciones o en un Absoluto que resiste a la caída de los grandes metarrelatos. Incluso las formulaciones más suspicaces respecto a cualquier naturalismo del sexo no pueden dejar de fundar sus argumentos sobre la libido como matriz performativa de la identidad en una ontología fuerte del deseo sexual. Para garantizar tal libertad del deseo, el pensamiento postmoderno ha borrado las limitaciones que podían hipotecar el flujo del *eros*. El paso definitivo en la liberación del deseo erótico ha sido en este sentido la obliteración de la dimensión personal del acto sexual: la orientación y el desempeño sexual ya no nacen de un núcleo prístino de identidad que se expresa mediante ellos, sino que la subjetividad es el producto residual de las prácticas sexuales tristemente petrificadas en ontologías fuertes.

La intención de este trabajo intelectual sobre *eros* consistía en libertar el deseo y la práctica eróticas, ciertamente confiscados por las instituciones morales y vigilados por los totalitarismos políticos. Pero este trabajo ha sido como pillado a contrapié por el cambio de estrategias de dominio. La lógica del capitalismo ha podido conjugar en su beneficio los discursos y prácticas libertarias, inclinando el *eros* hacia el consumo y subsumiendo a la persona en la mercancía. Este último proceso se solidariza con el trabajo de-constructor del pensamiento de la postmodernidad: sin una idea fuerte de sujeto, nada impide que el otro sea absorbido por la fuerza del consumo y que aparezca ante nuestra experiencia como un producto fungible. De manera que, aunque se haya pretendido liberar al deseo de las figuras de la subjetividad, este límite resurge con fuerza en la vivencia de ciertos malestares ocasionados por estas mismas prácticas y discursos libertarios, del que el contraste entre *Los versos del Eunuco* y *Amor mi Señor* o los comentarios a los amores imposibles de Jesús Aguado nos ofrecen buenos ejemplos. En el seno de la ideología postmoderna emerge así una nostalgia del otro y con ella la necesidad de presencia que las filosofías de-subjetivadoras no han podido paliar.

En este sentido, se entiende el atractivo que el *eros* clásico grecolatino surte en Aurora Luque y Juan Antonio González Iglesias. Ambos esbozan un panorama poco alentador de nuestro presente, aquejado de una existencia depauperada y un *eros* desinflado. Los dos poetas pretenden revitalizarlo al inyectarle la intensidad del *eros* clásico. Tanto Luque como González Iglesias leen el *eros* grecolatino en clave de plenitud y de presencia, de manera que su poesía conjura la fantasmagoría del cuerpo postmoderno con la radiante compacidad del cuerpo del otro en las culturas clásicas. De hecho, la reticencia de ambos contra la excesiva cultura y la metáfora, que alcanza expresiones de signo aporético dada la condición culturalista de su escritura, puede ser interpretada como un deseo de disfrutar esa presencia sin mediación.

La cuestión de la presencia ha estado siempre de fondo en el análisis sobre la poesía de Luisa Castro. En *Los versos del Eunuco*, la autora comenzó retratando los rasgos del «amor-pasión» inflamado por la lírica y lleno de exigencias para los amantes. Tales eran las demandas pasionales que este amor orientaba a los amantes necesariamente contra la sociedad, pues ambos debían sacrificarlo todo para gozar libremente de su deseo. Esta situación guarda evidente paralelismo con la sobrevaloración que imbuye el paradigma postmoderno a la actividad sexual, elevando el deseo allí donde no le da la sombra de ningún otro valor. Castro ofrece una crítica de esta situación en *Amor mi Señor,* poemario que aprovecha el prestigio del deseo en la sentimentalidad del amor cortés para signar su negativa ante las exigencias absolutas o fundamentalistas de la pasión. Su escritura adquiere un matiz crítico, en cuanto que interroga la arqueología de este «amor-pasión» cuyas raíces, como creyó también Denis de Rougemont, se hunden en el suelo de la poesía cancioneril medieval. Y aunque Castro marca los límites del señorío del *eros*, la autora aprovecha la experiencia de dolor y frustración de los amadores corteses para ofrecer un correlato de las insatisfacciones de nuestros días. Por último, contra una pasión que se alimenta de la ruptura del orden social, Castro propone en *Amor mi Señor* un *eros* civilizador, es decir, un disfrute de la presencia del otro que no se auto-cumple en el goce sexual. Este deseo acaricia la plenitud y la compacidad de un otro que, como nosotros, intenta construir su existencia sobre los espacios vacíos del capital.

La figura con que cerramos el círculo de nuestras reflexiones repite, pues, aquella que componen los amantes de *Canción en blanco*. Al final del poema, los personajes de Álvaro García descubrían la necesidad de rearmar un *eros* político y solidario si es que querían continuar practicando el amor como forma de antagonismo. La resignificación política de *eros* equivalía a una articulación de los sujetos de *eros* en la pura exterioridad, en el roce con los terceros que rajan la totalidad Yo-Tú, trayendo con ello la sociabilidad auténtica. La transposición de *eros* a la exterioridad pone en movimiento la fuerza para trazar la contundencia de las presencias evaporadas bajo las presiones de las sociedades tardocapitalistas.

Quiero defender ahora que este *eros* puede recargarse de potencialidad política. La propuesta es la siguiente: un *eros* que hace destellar la presencia del otro en el espacio vacío es una fuerza que rescata al sujeto de su subsunción. Un *eros* así desarrolla la comunidad a medida que hace sensible el cuerpo del otro, desaparecido de otra manera en nuestro horizonte. De este *eros* puede sacarse la *aisthesis* del otro, una estética que materializa en nuestro mundo a los expulsados de nuestro mundo, que da cuerpo aquí y ahora a los subsumidos por las fuerzas del capital. Un *eros* así se identifica con la experiencia de la atracción de esa corporalidad que irrumpe en nuestro mundo y que se sustrae con su

presencia a la desaparición.[40] Es más, un *eros* así no simplemente
rescata la presencia, sino que permite pensar el disfrute de esta
presencia, el placer que la presencia del otro provoca en cuanto
cuerpo sensible ante nuestra sensibilidad.

No obstante, ¿es esto *eros*? Introducimos, es cierto, una visión
del concepto heterodoxa, en la que queda recortada la dimensión de la sexualidad. ¿Puede, por tanto, hablarse de *eros* desprovisto de sexualidad? Pero lo que se pretende no es delimitar o
definir un concepto, sino más bien ensancharlo, y quizás incluso
indefinirlo. La sexualidad puede reintroducirse en *eros*, pero lo
que aquí se debate es la oportunidad de pensar *más eros*, más formas de desear físicamente al otro sin pasar por la sexualidad. Lo
otro ya lo conocemos, pero junto al *eros* sexual se ubican otras
posibilidades de *eros* no necesariamente sexual: una experiencia
que mantenga el gozo físico de la presencia otra sin requerir de
la participación del sexo. Hablamos, pues, del deseo de la presencia del otro en su materialidad inmediata, del gozo que provoca
esa presencia, sin necesidad de que este gozo desemboque en
la producción del sexo. O, mejor dicho, se trata aquí de formular unas posibilidades de alegría en la presencia física del otro,
arrancada a los mecanismos de la abstracción, sin que esta alegría
pase necesariamente por el «goce» orgásmico, tal y como lo defiende Baudrillard: «el goce es con mucho el usufructo industrial
de los cuerpos, y lo contrario de cualquier seducción: el goce es
un producto de extracción, producto tecnológico de una maqui-
naria de los cuerpos, de una logística de los placeres [...]» (1989:
26). Así, gozar de la presencia del otro puede apartarse de la economía libidinal que refleja y replica las exigencias de consumo y
liquidez del capital (Baudrillard, 1989: 42).

Soy consciente de que quizá la mantención de la dimensión
física y corporal fuera de las economías del goce sexual no sea lo

---

[40]   Algo muy parecido pensaba, por ejemplo, Octavio Paz. En *La llama doble*, Paz valora el amor precisamente porque este transforma al «"objeto erótico"
en un sujeto libre y único» (1993: 34). Y este «sujeto libre y único» «es el fundamento de nuestras instituciones políticas y de nuestras ideas sobre lo que deben
ser la justicia, la solidaridad y la convivencia social» (1993: 163).

suficientemente convincente para incluir estas experiencias bajo el signo de *eros*. Pero mi argumento cobra vigor si delato dos presencias que lo acompañan. Convoco brevemente dos momentos de la historia conceptual del amor para adquirir el derecho de hablar de *eros* bajo esta perspectiva.

El primer texto no podría ser otro que *El banquete*. En él, Sócrates narra su aleccionante conversación con Diótima de Mantinea. La sabia mujer le desvela numerosas facetas de la naturaleza del *eros* que aquí nos interesan mucho. Revolviendo la mayéutica contra su propio inventor, Diótima interroga a Sócrates: «¿cuál es el acto particular en que el buscar y perseguir con ardor lo bueno toma el nombre de amor?» (1986: 162). Al comprobar la ignorancia del filósofo, Diótima responde: «Pues te lo voy a decir: es la producción en la belleza, sea por el cuerpo o sea por el alma». El amor se propone, por tanto, la «generación y producción en la belleza», que por una parte se lleva a cabo mediante la unión sexual de los cuerpos y, por la otra, acontece en la creación espiritual que trabaja las obras de arte, la lucidez del pensamiento y la bondad de la virtud.

En el contexto de *El banquete,* Diótima plantea las dos opciones como una bifurcación moral, según la cual el camino de la producción en la belleza espiritual transita más alto que la producción en la belleza física. Pero nada nos impide hoy plegar los dos caminos en una interpretación que no admite distinción entre la belleza física y la belleza espiritual. Cancelada la distancia que separa la materia de las ideas, Platón nos permitiría entender la vida cívica y cultural como vida erótica. Si *eros* es «producción en la belleza [del otro, añado]», tan erótico es un abrazo como un poema sobre el amor según Safo, el encuentro de dos amantes en un hotel o la asociación de varios cuerpos para una acción política conjunta. Todos estos casos congregan cuerpos en el gozo de la presencia para producir un bien en la belleza.

El segundo texto es *Así habló Zaratustra*. En el capítulo titulado «Del hijo y del matrimonio», Nietzsche no parece muy entusiasmado ante las bondades de la sexualidad: «Amargura hay incluso en el cáliz del mejor amor: ¡por eso produce anhelo del superhombre, por esto te da a ti sed, creador!» (2004: 117). El hijo y el matrimonio no son figuras propias para el superhombre. Allí no puede saciar su sed creadora. Por eso, Nietzsche transvalora también *eros*. Lo redirige y lo resignifica. Su nuevo modelo de amor, al igual que un nuevo modelo de santidad, están atravesados por una fecundidad que podríamos considerar cultural e histórica: «En el lugar-del-santo-que-ama pongo a quien revive de manera amorosa todas las fases de la cultura: al *hombre histórico de suprema piedad*» (2004: 103). El *eros* del superhombre no se vuelca en el matrimonio ni en el hijo. Abre la dualidad deseante-deseado a una pluralidad poco promiscua, pues la capacidad erótica del superhombre no se juega en el terreno sexual, sino en la «suprema piedad» del «hombre histórico». Esta piedad redefine el *eros* como un modo de engendrar nuevos valores mediante el «revivir amoroso» de la cultura. Por supuesto, no podemos interpretar este *eros* como un repaso libresco de eruditos manuales de historia y literatura. Siendo Nietzsche el autor de estas líneas, la fecundidad erótica del superhombre debe revivir la cultura para sacar de ella solo la fuerza con la que construir el futuro, solo la potencia con la que transvalorar el mundo. El *eros* nietscheano no necesita la sexualidad para engendrar: produce en la belleza de la cultura las energías del futuro.

Así pues, Nietzsche y Platón, extraña pareja, nos legitiman a pensar un *eros* más allá de la sexualidad. En la reivindicación de este *eros*, se promueve la experiencia del cuerpo del otro e incluso el disfrute de su presencia arrebatada a la subsunción, como el átomo a partir del cual se puede desarrollar una sociabilidad distinta. Según esta, la presencia del otro supone un gozo que nos incita a producir en común, conjuntamente, los nuevos valores y la nueva belleza. Por fin, alcanzamos el punto donde se hace inteligible el adjetivo que hemos introducido a lo largo de estas páginas. Completemos el *eros* sexual con un *eros* neo-humanista.

El término «neo-humanismo» ha sido utilizado con anterioridad en distintos contextos, pero aquí se rescata de un ensayo del filósofo francés Jacques Rancière dedicado a las artes plásticas. En *El destino de las imágenes*, Rancière describía la situación de las artes plásticas a finales del siglo xx:

«Hoy en día, las series fotográficas, los monitores o vídeo-pro-
yecciones, las instalaciones de objetos familiares o extraños que
ocupan el espacio de nuestros museos y galerías buscan menos
suscitar el sentimiento de distancia entre dos órdenes —entre las
apariencias cotidianas y las leyes de la dominación— que avivar
una sensibilidad nueva para con los signos y las huellas que testimonian una historia y un mundo comunes. Se puede dar el caso
en que las formas de arte se declaren explícitamente en ese sentido, que invoquen la «pérdida del mundo» o la defección del «vínculo social» para atribuir a los ensamblajes y composiciones del
arte la tarea de recrear los vínculos sociales y un sentido del mundo. La proyección de la gran parataxis sobre el estado ordinario
de las cosas lleva entonces la frase-imagen hacia su grado cero: la
pequeña frase que crea el vínculo o imita el vínculo». (2011: 81)

Poco después, Rancière escoge el adjetivo «neo-humanista»
para caracterizar este cambio de tendencia en el énfasis y uso de
la fragmentación, de la cita y de la referencia cultural.

El texto de Rancière nos permite identificar una asociación
que atraviesa las cinco escrituras estudiadas aquí. Hemos visto
cómo la poesía española actual acude a dispositivos textuales que
«avivan una sensibilidad nueva para con los signos y las huellas
que testimonian una historia y un mundo comunes». Las alusio-
nes a la cultura grecolatina, a las sabidurías de escrituras asiáticas
y al imaginario del amor cortés funcionan en este sentido como
lanzamiento de un horizonte y una historia comunes donde se
desarrollan nuestras vivencias. A su vez, el motivo cultural genera
un vector cuya dirección es el otro, aquel cuya presencia quiere recuperarse para el *eros* «neo-humanista». De manera que los
«ensamblajes» entre pasado y presente en la poesía de García,
Aguado, Castro, Luque y González Iglesias no se encierran en
el juego intertextual. Su tarea es otra. Se trata de construir una
historia común a partir de la cual esta misma dimensión de la
comunidad queda expuesta en la palabra. El intertexto recrea
«los vínculos sociales y un sentido del mundo», pues esta poesía
quiere, sobre todo, vincular: darse en comunión al otro, recibir la
aparición del otro en el espacio vacío del presente.

Estas «pequeñas frases» dicen el amor «neo-humanista». En
ningún caso hablamos de una gran política: son pequeñas ar-

ticulaciones de vínculos erótico-políticos entre cuerpos que ya no están solos los que entretejen el mundo común. De este *eros* «neo-humanista» podría escribir Antonio Negri que «la gran red de la abstracción se ve aquí atravesada y casi sustituida [...] por una red multicolor de expresiones singulares» (2006: 277).

APÉNDICE

ÁLVARO GARCÍA (Málaga, 1965) es poeta, novelista y ensayista, aunque también ha desarrollado otros empleos como la docencia universitaria, el periodismo e incluso la dirección de cine. García ya había publicado algunos libros de poesía antes de que obtuviera por *La noche junto al ábum* (1989) el premio Hiperión de poesía que, junto al Adonáis, fue en su momento referencia para la joven poesía española. Con *Intemperie* (Pre-Textos, 1995), la escritura poética de García se aleja del narrador irónico y urbano de *La noche junto al álbum* y adopta una postura de precisión e indagación sobre lo real y lo irreal, intensificada en *Para lo que no existe* (Pre-Textos, 1999). Luis Antonio de Villena sitúa la poesía de García en un contexto de renovación de la lírica española, que ensayaría la reflexión y el adelgazamiento de la anécdota biográfica tras el agotamiento de los cánones de la poesía de la experiencia (1997). El poeta y crítico lo considera «pionero» de dicha renovación donde algunos recursos de la poesía de la experiencia se remozan con la inclusión de rasgos simbolistas, contemplativos o metafísicos (2003: 26). En esta clave puede leerse el ensayo de poética *Poesía sin estatua* (Pre-Textos, 2005), donde García defiende una poesía que no se agota en la referencia del dato biográfico, sino que, más bien, construya la experiencia de vida en el poema. En esa dirección se encaminan su serie de poemas largos: *Caída* (Pre-Textos, 2002), *El río de agua* (Pre-Textos, 2005) y *Canción en blanco* (Visor, 2012), que mereció el premio

Loewe de poesía. Este tríptico fue refundido en *El ciclo de la evaporación* (Pre-Textos, 2016), que además incluye fragmentos de *Ser sin sitio* (Vandalia, 2014). Como novelista, ha publicado *El tenista argentino* (Pre-Textos, 2018), *Discurso de boda* (Canto y cuento, 2020) y *Elenco* (Milenio, 2022).

Aurora Luque (Almería, 1962) se ha dedicado fundamentalmente a la poesía y a la traducción y docencia de la literatura griega clásica. Su primer libro, *Hiperiónida*, sale de las prensas de la Universidad de Granada en 1981, al que le sigue *Problemas de doblaje*, accésit del Premio Adonáis en 1989. Este segundo poemario relaja la dicción más grave de *Hiperiónida* y marca, quizá, el comienzo de una poética de culturalismo lúdico, caracterizada por la reelaboración desenfada del mito clásico y en la que José Luis García Martín ve un rasgo de esta generación poética (1995: 41). En esta línea pueden inscribirse otros títulos de la autora como *Carpe noctem* (Visor, 1992), *Transitoria* (Renacimiento, 1998), *Camaradas de Ícaro* (Visor, 2003) y *La siesta de Epicuro* (Visor, 2008). Desde *Personal & Político* (Vandalia, 2015) se percibe una intensificación de las preocupaciones sociopolíticas de esta poesía, que se prolonga en sus últimos libros como *Gavieras* (Visor, 2020). En 2022 obtiene el Premio Nacional de Poesía con *Un número finito de veranos* (Milenio, 2023). De su labor de estudiosa y traductora, conviene destacar para este estudio la atención puesta a la poesía erótica griega. En el 2000, Luque saca con la editorial Hiperión *Los dados de Eros. Antología de la poesía erótica griega.* Además de la traducción de los poemas, Luque nos ofrece un prólogo sobre el *eros* en la Antigüedad de gran interés para este estudio. También ha publicado en español la obra de Safo (Acantilado, 2004, reeditada en 2020 y 2022). No obstante, Luque también ha recuperado para nuestro presente la obra de las autoras Mercedes Matamoros y María Rosa de Gálvez.

Juan Antonio González Iglesias (Salamanca, 1964) es poeta y catedrático de Filología Latina en la Universidad de Salamanca. González Iglesias es el más tardío de estos poetas en publicar su primera obra, *La hermosura del héroe*, que recibe de

manos de Pablo García Baena el Premio Vicente Núñez en 1993.
Sin duda, la suntuosidad léxica y el sentimiento homoerótico de
los poemas atraerían al poeta García Baena, quien escribió del
libro: «Aquí el héroe, despojado totalmente del ámbito divino
que le atribuían los antiguos, se enaltece en la más humana cima,
la gallardía de la belleza. Y ésta, que sólo se entrega en el cenit
de la juventud, hace del cuerpo una perfecta máquina para el
goce donde el simple movimiento es un placer esteta» (2007: 7).
Poco a poco, la dicción de González Iglesias se despoja de la pre-
ciosismo léxico y la imaginación gongorina de su primer libro y
encamina su dicción hacia la concisión, la claridad y la precisión
de timbre clásico. En este viaje se incluyen sus poemarios más
conocidos como *Esto es mi cuerpo* (Visor, 1997), *Un ángulo me basta*
(Visor, 2002), *Olímpicas* (El Gaviero Ediciones, 2005) y *Eros es más*
(Visor, 2007), que recibió el premio de la Fundación Loewe. Su
poesía se inscribe dentro de lo que Sánchez–Mesa denomina un
«culturalismo caliente […] vivido desde dentro» (2007: 53), sin
duda solidario con un programa de «intensificación de la vida»
(Sánchez–Mesa, 2007: 47), propios de esta generación. Además
de su poesía, ha publicado traducciones de los autores latinos
Ovidio —*Arte de amar. Amores* (Cátedra, 1993)— y Catulo —*Poemas* (Cátedra, 2006)—.

JESÚS AGUADO (Madrid, 1961) es un autor polifacético, de
cuya obra, ya extensa, sería difícil dar cuenta en estas apretadas
líneas. Concibe Jesús Aguado la poesía como una tarea de «buscar el afuera, aprender (y enseñar) a escaparse de las diferentes cárceles que el Yo (y sus múltiples asociados institucionales,
también los pertenecientes a las instituciones Poesía, Literatura,
Pensamiento o Arte) alza para controlarle a uno y que, en el caso
de un poeta, se solidifica en forma de libro o poética» (2011:
560). Este presupuesto hace que el autor ensaye distintos dispositivos para sus poemarios: la asunción de un personaje lírico o
el ensayo de distintos lugares de enunciación para el poema más
o menos culturalistas —*Libro de homenajes* (Hiperión, 1993), *Los
poemas de Vikram Babu* (Hiperión, 2000), *Dice Kabir y otros poemas*
(Pre-Textos, 2019)—, la disposición narrativa —urbana y desen-

fada de *Los amores imposibles* (Premio Hiperión, 1990), algo más trágica en *Carta al padre* (Vandalia, 2016)— o la fábula metafísica en *Mi enemigo* (El Mágico Íntimo, 1987) y *El fugitivo* (Pre-Textos, 1998). Isla Correyero lo reclutó para su antología de *Feroces. Radicales, marginales y heterodoxos en la última poesía española*, una nómina de autores de esta generación en los que «la actitud vital se expone en sus textos con decisión, sin trampas, con una profunda rebeldía de carácter racional [...] con un lenguaje flexivo y narrativo, que señala una nueva estética y una nueva posición moral de acción y compromiso» (1998: 9). En su formación literaria e intelectual es importante su interés por la cultura hindú, que le llevó a leer y traducir al español numerosos poetas de esta lengua y a vivir en Benarés, experiencia literaturizada en las prosas de *Benarés, India* (Pre-Textos, 2018).

LUISA CASTRO (Foz, 1966) inicia su producción dentro del «neovanguardismo» que agita la poesía española de los años 80 (Morales Barba, 2006: 35). La actitud beligerante de la autora, con algún toque de malditismo a lo Leopoldo María Panero (Castaño, 1993: 4), destaca sobre todo en *Los versos del Eunuco* (Premio Hiperión, 1986). Otros poemarios continúan la veta surrealista de la autora, añadiendo a los incendios de la imaginación espesores de memoria. *Baleas e baleas* (Sociedad de Cultura Valle-Inclán, 1988) —con edición en castellano de 1992 en Hiperión— y *Los hábitos del artillero* (Visor, 1989) resultan de la poetización, a menudo crítica, de un material que proviene del pasado familiar y provincial. En esta tendencia profundiza temporalmente *Amor mi Señor* (Tusquets, 2005). El poemario no solo desarrolla un primer núcleo de poemas que adoptan buena parte del idioma y el imaginario de las antiguas canciones galaico-portuguesas, sino que emprende además una reflexión poética sobre los orígenes de nuestra manera de experimentar el *eros*. Con *Actores vestidos de calle* (Visor, 2018), Castro ensaya una escritura de varias direcciones, en la que cierta angustia metafísica se solidariza con otros asuntos de orden social, como el drama migratorio o los atentados terroristas. Además de poeta, Castro es autora de distintas novelas, en las que a menudo pueden hallarse correspondencias

con las preocupaciones poéticas. Así *El somier* reelabora conte-
nidos biográficos y geográficos de *Baleas e baleas* y *Los hábitos del
artillero*, y *La segunda mujer* confronta traumas sociales en torno al
eros que reciben tratamiento poético en *Amor mi Señor*. Destacan
además colecciones de relatos como *Podría hacerte daño* y el más
autobiográfico *Viajes con mi padre*.

Bibliografía

Agamben, Giorgio. *Estancias. La palabra y el fantasma en la cultura occidental.* Valencia: Pre-Textos, 2016.

Aguado, Jesús. *Diccionario de símbolos.* Sevilla: Paréntesis Editorial, 2010.

— *El fugitivo. Poesía reunida (1985-2010).* Madrid: Vaso Roto, 2011.

— «Nota final». *El fugitivo. Poesía reunida (1985-2010).* Madrid: Vaso Roto, 2011.

— *Benarés, India.* Valencia: Pre-Textos, 2018.

— *Dice Kabir y otros poemas.* Valencia: Pre-Textos, 2019.

— *Heridas que se curan solas. Aforismos sobre la poesía.* Madrid: Libros de la resistencia, 2020.

Alfonso, Luis Enrique y Carlos Jesús Fernández Rodríguez. *Los discursos del presente. Un análisis de los imaginarios sociales contemporáneos.* Madrid: Siglo XXI, 2013.

Álvarez, Josefa. *Tradición clásica en la poesía de Aurora Luque. Figuras, formas e ideas.* Sevilla: Renacimiento, 2013.

Andújar Almansa. José. «Prólogo. Detrás de las palabras». *Una extraña industria. De poética y poetas.* Aurora Luque. Valladolid: Universidad de Valladolid, 2008.

Arnau, Juan. *Antropología del budismo.* Barcelona: Kairós, 2006.

Augé, Marc. *Los «no lugares». Una antropología de la sobremodernidad.* Barcelona: Gedisa Editorial, 1993.

Balibrea, Mari Paz. *En la tierra baldía. Manuel Vázquez Montalbán y la izquierda española en la postmodernidad.* Barcelona: El Viejo Topo, 1999.

Barthes, Roland. *El susurro del lenguaje. Más allá de la palabra y la escritura.* Barcelona: Paidós, 1987.

— *Fragmentos de un discurso amoroso.* Madrid: Siglo XXI, 2007.

Baudrillard, Jean. *De la seducción.* Madrid: Cátedra, 1989.

Bauman, Zygmunt. *Postmodernity and its discontents.* Cambridge: Polity Press, 1997.

Bianchi, Marina. «De la intertextualidad al compromiso. *Personal & Político* de Aurora Luque». *Cultura Latinoamericana.* 30.2. 2019. pp. 76-94.

Bonilla, Juan. «Mendigo». Prólogo a *Mendigo. Antología poética (1985-2007).* Renacimiento, Sevilla: 2012.

BUBER, Martin. *Yo y tú*. Madrid: Caparrós Editores, 1993.

BUCKLEY, Ramón. *La doble transición. Política y literatura en la España de los años setenta*. Madrid: Siglo XXI Editores, 1996.

BUTLER, Judith. *El género en disputa. El feminismo y la subversión de la identidad*. Barcelona: Paidós, 2007.

CARNERO, Guillermo. «Un teorema de clasicidad y actualidad». *Del lado del amor. Poesía reunida (1994-2009)*. Juan Antonio González Iglesias. Madrid: Visor, 2010.

CASTAÑO, Adolfo. *«Los versos del Eunuco. Odio y malditismo». Poesía en el campus*. 22 [dedicado a Luisa Castro]. 1993. pp. 3-5.

CASTRO, Luisa. *Viajes con mi padre*. Barcelona: Planeta, 2003.

— *La segunda mujer*. Barcelona: Seix Barral, 2006.

— *Actores vestidos de calle*. Madrid: Visor, 2018.

— *La fortaleza. Poesía reunida (1984 – 2005)*. Madrid: Visor, 2019.

CHUL-HAN, Byung. *La agonía del Eros*. Barcelona: Herder, 2014.

CIXOUS, Hélène. *The Hélène Cixous Reader*. Ed. Susan Sellers. Nueva York: Routledge, 1994.

CORREYERO, Isla. *Feroces. Radicales, marginales y heterodoxos en la última poesía española*. Barcelona: DVD, 1998.

DASGUPTA, Surendranath. *La mística hindú*. Barcelona: Herder, 2009.

DELEUZE, Gilles. *Francis Bacon. Lógica de la sensación*. Madrid: Arena Libros, 2009.

DELEUZE, Gilles y Félix GUATTARI. *El Anti-Edipo. Capitalismo y esquizofrenia*. Barcelona: Paidós, 1985.

— *Mil mesetas. Capitalismo y esquizofrenia*. Valencia: Pre-Textos, 2020.

DERRIDA, Jacques. *De la gramatología*. Buenos Aires: Siglo XXI, 1971.

— *Márgenes de la filosofía*. Madrid: Cátedra, 1989.

Diario Córdoba. «La poesía es una herramienta de comprensión». 02/02/2007 [https://www.diariocordoba.com/cultura/2007/02/02/luisa-castro-poesia-herramienta-comprension-38519690.html].

EAGLETON, Terry. *The Illusions of Postmodernism*. Oxford: Blackwell Publishers, 1996.

EPICURO. *Obras completas*. Ed. José Vara. Madrid: Cátedra, 2012.

FANON, Frantz. *Piel negra, máscaras blancas*. Madrid: Akal, 2009.

FOUCAULT, Michel. *Historia de la sexualidad. Vol I. La voluntad de saber*. Madrid: Siglo XXI, 2009.

FREUD, Sigmund. «La sexualidad infantil». *Tres ensayos sobre teoría sexual*. Madrid: El País, 2002.

FUENTE, Manuel de la. «La poesía hace que la vida respire y se ensanche». *ABC, Libros*. 15.03.2012.

Fundación Loewe. «Entrevista a Álvaro García». http://www.blogfundacionloewe.es/2011/12/entrevista-a-alvaro-garcia/. [Última consulta: 05/05/2021].

— «Álvaro García, un año después». http://www.blogfundacionloewe.es/2012/11/alvaro-garcia-un-ano-despues/. [Última consulta: 05/05/2021].

GADAMER, Hans-Georg. *The Relevance of the Beautiful and Other Essays*. Cambridge: Cambridge University Press, 1986.

GARCÍA, Álvaro. *Poesía sin estatua*. Valencia: Pre-Textos, 2005.

— *Canción en blanco*. Madrid: Visor, 2012.

GARCÍA, Ávaro. *Ser sin sitio.* Sevilla: Vandalia, 2014.

GARCÍA BAENA, Pablo. «La hermosura del héroe». *Poesía en el campus* [dedicado a Juan Antonio González-Iglesias]. 53. 2007. pp.7-9.

GARCÍA JAMBRINA, Luis. «Ciclo ambicioso». *La opinión de Murcia.* 13.04.2012.

GARCÍA MARTÍN, José Luis. *Selección nacional. Última poesía española.* Gijón: Universos, 1995.

GIDDENS, Anthony. *La transformación de la intimidad. Sexualidad, amor y erotismo en las sociedades modernas.* Madrid: Cátedra, 1995.

GONZÁLEZ IGLESIAS, Juan Antonio. «La luz de Grecia sobre Aurora Luque». *La Traíña.* 17. 1996. pp. 5-15.

— «Bajo el signo de Horacio». *Poética y poesía.* Madrid: Fundación Juan March, 2008.

— *Del lado del amor. Poesía reunida (1994-2009).* Madrid: Visor, 2010.

— «El universo clásico en Pablo García Baena». *Pablo García Baena. Misterio y precisión.* Ed. Cecilia Fernández Prieto. Sevilla: Renacimiento, 2014.

HABERMAS, Jürgen. «La crisis del Estado de Bienestar y el agotamiento de las necesidades utópicas». *Ensayos políticos.* Barcelona: Península, 1988.

HALPERIN, David. «Forgetting Foucault». *The Sleep of Reason. Erotic Experience and Sexual Ethics in Ancient Greece and Rome.* Chicago: University of Chicago Press, 2002.

IRIGARAY, Luce. *Key Writings.* Londres: Continuum, 2004.

KONSTAN, David. «Enacting Eros». *The Sleep of Reason. Erotic Experience and Sexual Ethics in Ancient Greece and Rome.* Chicago: University of Chicago Press, 2002.

LABRADOR, Germán. *Culpables por la literatura. Imaginación política y contracultura en la Transición española (1968-1986).* Madrid: Akal, 2017.

LACAN, Jacques. «The Mirror Stage as a Formative of the Function I as Revealed in Psychoanalytic Experience». *Écrits.* Nueva York: Norton and Company, 1977.

LEVINAS, Emmanuel. *Entre nosotros. Ensayos para pensar en otro.* Valencia: Pre-Textos, 1993.

— *Totalidad e infinito.* Salamanca: Ediciones Sígueme, 2016.

LIPOVETSKY, Gilles. *De la ligereza. Hacia una civilización de lo ligero.* Barcelona: Anagrama, 2016.

LLANO, Alejandro. *La nueva sensibilidad. En la era de la desconexión.* Madrid: Ediciones Palabra, 2017.

LUQUE, Aurora. «La siesta de Epicuro». *Poética y poesía.* Madrid: Fundación Juan March, 2006.

— *Una extraña industria. De poéticas y poetas.* Ed. José Andújar Almansa. Valladolid: Universidad de Valladolid, 2008.

— «Eros y los poetas». *Los dados de Eros. Antología de poesía erótica griega.* Madrid: Hiperión, 2011.

— *Carpe amorem. Antología.* Ed. Ricardo Virtanen. Sevilla: Renacimiento, 2021.

MAINER, José-Carlos y Santos Juliá. *El aprendizaje de la libertad (1973-1986).* Madrid: Alianza, 2000.

MALINOWSKI, Bronislaw. *Edipo destronado. Sexo y represión en las sociedades primitivas.* Madrid: Errata naturae, 2013.

MANACORDA, Valentina. «*Los versos del eunuco*. Jirones de cuerpo y palabra». *Escritoras y compromiso. Literatura española e hispanoamericana de los siglos XX y XXI*. Eds. Ángeles Encinar y Carmen Valcárcel. Madrid: Visor, 2009.

MAYHEW, Jonathan. *The Twilight of the Avant-Garde. Spanish Poetry 1980-2000*. Liverpool: Liverpool University Press, 2009.

MORA, Vicente Luis. «Piezas para un puzle». *El fugitivo. Poesía reunida (1985-2010)*. Jesús Aguado. Madrid: Vaso Roto, 2011.

— «Introducción». *La cuarta persona del plural. Antología de poesía española contemporánea*. Madrid: Vaso Roto, 2018.

MORALES BARBA, Rafael. *Última poesía española (1990-2005). Antología*. Madrid: Marenostrum, 2006.

NAVARRO, Sergio. *La comunidad inasible. La poesía española de la Transición en la crisis del humanismo*. Valladolid y León: Colección Frontera, Universidad de Valladolid / Universidad de León, 2023.

NEGRI, Antonio. *Fábricas del sujeto / ontologías de la subversión*. Madrid: Akal, 2006.

NIETZSCHE, Friedrich. *Así habló Zaratustra*. Madrid: Alianza, 1999.

NUSSBAUM, Martha. «Plato on Commensurability and Desire». *Love's Knowledge. Essays on Philosophy and Literature*. Nueva York: Oxford University Press, 1996.

— «Eros and Ethical Norms. Philosophers respond to a Cultural Dilemma». *The Sleep of Reason. Erotic Experience and Sexual Ethics in Ancient Greece and Rome*. Chicago: University of Chicago Press, 2002.

ONFRAY, Michel. *La fuerza de existir. Manifiesto hedonista*. Barcelona: Anagrama, 2008.

OVIDIO. *Arte de amar*. Ed. Juan Antonio González Iglesias. Madrid: Cátedra, 2000.

PAONE, Marco. «Marco Paone intervista Luisa Castro Legazpi». *Insula europea*. 31/10/2017. [https://www.insulaeuropea.eu/2017/10/31/marco-paone-intervista-luisa-castro-legazpi/].

PAZ, Octavio. *Poemas (1935 – 1975)*. Barcelona: Seix Barral, 1979.

— *La llama doble. Amor y erotismo*. Barcelona: Seix Barral, 1993.

PLATÓN. «El banquete». *Diálogos*. Madrid: Espasa-Calpe, 1986.

RANCIÈRE, Jacques. *Disenso: ensayos sobre estética y política*. Ed. Steven Corcoran. México: Fondo de Cultura Económica, 2019.

RODRÍGUEZ, Claudio. *Poesía completa*. Barcelona: Tusquets, 2009.

RODRÍGUEZ ANDRADOS, Francisco. «El campo semántico del amor en Safo». *Revista española de Lingüística*. 1. 1. 1971.

ROMERO, Juan Manuel. «*Canción en blanco*». *Cincinatti Romance Review*. 34. 2012: 192-194.

ROUGEMONT, Denis de. *El amor y Occidente*. Barcelona: Kairós, 1978.

SÁNCHEZ–MESA, Domingo. *Cambio de siglo. Antología de poesía española (1990-2007)*. Madrid: Hiperión, 2007.

SIMÓN-PARTAL, Alejandro. *Inquietud de la minoría virgiliana. Belleza y deporte en la poesía de Juan Antonio González Iglesias*. [tesis doctoral] Madrid: Universidad Complutense de Madrid, 2015.

SLOTERDIJK, Peter. *Eurotaoísmo. Aportaciones a la crítica de la cinñética política.* Barcelona: Seix Barral, 2001.
— *Has de cambiar tu vida.* Valencia: Pre-Textos, 2012.
SUBIRATS, Eduardo. «Transición y espectáculo». *Intransiciones: crítica de la cultura española.* Ed. Eduardo Subirats. Madrid: Biblioteca Nueva, 2002.
TODOROV, Tzvetan. "Definición de lo fantástico". *Teorías de lo fantástico.* Ed. David Roas. Madrid: Arco Libros, 2001.
TOURAINE, Alain. *¿Podremos vivir juntos? Iguales y diferentes.* Buenos Aires: Fondo de Cultura Económica, 1997.
VATTIMO, Giani. *Más allá del sujeto.* Barcelona: Paidós, 1992.
VERNANT, Jean-Pierre. *L'individu, la mort, l'amour. Soi-même et le autre en Grèce ancienne.* Cher: Gallimard, 1989.
VILLENA, Luis Antonio de. *10 menos 30. La ruptura interior en la "poesía de la experiencia".* Valencia: Pre-textos, 1997.
— *La lógica de Orfeo.* Madrid: Visor, 2003.